2019

国内外能源电力企业数字化转型分析报告

国网能源研究院有限公司　编著

中国电力出版社
CHINA ELECTRIC POWER PRESS

内 容 提 要

《国内外能源电力企业数字化转型分析报告》是能源与电力分析年度报告系列之一。本报告旨在分析数字化浪潮下能源电力企业数字化转型现状，剖析能源电力企业数字化转型路径，阐述能源电力企业数字化转型关键环节和重点内容。本报告借鉴国内外先进企业转型经验，从管理变革、业务创新、技术提升、转型评估等方面分析能源电力企业数字化转型核心观念和主要做法，为能源电力企业全面开展数字化转型提供指南。

本报告可供数据分析人员、信息化建设人员、科研咨询人员、企业管理者和国家相关政策制定者参考使用。

图书在版编目（CIP）数据

国内外能源电力企业数字化转型分析报告．2019/国网能源研究院有限公司编著．—北京：中国电力出版社，2019.11

（能源与电力分析年度报告系列）

ISBN 978-7-5123-7968-8

Ⅰ．①国…　Ⅱ．①国…　Ⅲ．①能源工业－数字化－研究报告－世界－2019　②电力工业－数字化－研究报告－世界－2019　Ⅳ．①F416.2②F416.61

中国版本图书馆 CIP 数据核字（2019）第 270558 号

出版发行：中国电力出版社
地　　址：北京市东城区北京站西街 19 号（邮政编码 100005）
网　　址：http://www.cepp.sgcc.com.cn
责任编辑：刘汝青（010-63412382）　郭丽然
责任校对：黄　蓓　闫秀英
装帧设计：赵姗姗
责任印制：吴　迪

印　　刷：北京瑞禾彩色印刷有限公司
版　　次：2019 年 11 月第一版
印　　次：2019 年 11 月北京第一次印刷
开　　本：787 毫米×1092 毫米　16 开本
印　　张：9.75
字　　数：131 千字
定　　价：88.00 元

能源与电力分析年度报告

编　委　会

《国内外能源电力企业数字化转型分析报告》

编　写　组

组　长　郑厚清

主笔人　刘　威　陈睿欣

成　员　孙艺新　刘素蔚　崔维平　于　灏　陈　光
　　　　王智敏　柳占杰　李心达　高洪达　贾德香
　　　　王　玓　王　程　刘　睿　张金星

前　言
PREFACE

国网能源研究院有限公司顺应当今数字化发展的潮流，紧密结合国内外能源电力企业数字化转型的最新动态、发展趋势，分析并总结先进经验和做法，形成年度分析报告。

当前，能源革命与数字革命深度融合已经是大势所趋，而能源电力企业作为传统型企业，对接数字化、网络化、智能化内在张力明显，表现出不同程度的迟滞，但同样基于传统的创新意识，能源电力企业具有资金和人才等优势，不甘落后，积极探索创新数字化转型。生动而丰富的实践为国网能源研究院有限公司深入分析国内外企业数字化转型的典型做法、发展趋势提供参考。能源电力企业在新技术发展、商业模式应用等方面拥有一定数量的最佳实践，足以支持本报告的形成。在经过力所能及地去粗取精、去伪存真的艰苦过程后，我们有信心为政府部门、大型央企、社会各界提供有价值的决策参考和信息。

《国内外能源电力企业数字化转型分析报告》是国网能源研究院有限公司推出的“能源与电力分析年度报告系列”之一，2018 年首度出版。今年作为第二年，本报告主要结构和行文脉络一以贯之，秉持连续性，更加聚焦能源电力企业，力求将数字化最新发展形势与行业面临新要求进行紧密融合。本报告以数字技术应用为主线贯穿始终，从形势、管理、业务、技术等维度展开分析，并研究提出采用成熟度指数对转型成效进行评估。

本报告共分为 5 章，第 1 章由刘威、陈睿欣、陈光、崔维平主笔，第 2 章由陈睿欣、于灏、刘威、王玓主笔，第 3 章由陈睿欣、刘威、王智敏、张金星主笔，第 4 章由刘威、崔维平、柳占杰、王程主笔，第 5 章由刘素蔚、李心达、刘睿主笔，报告由刘威、陈睿欣统稿，郑厚清、孙艺新、贾德香指导和校核。

开展能源电力企业数字化转型的研究，不仅是探索传统企业数字化转型的道路，而且也是为工业经济和数字经济深度融合寻找路径。能源电力企业的数字化转型道路并非一帆风顺，有很多值得关注和持续突破的急流险滩，但因其作为典型的传统工业企业，经验反而更具普遍性的借鉴意义。我们由衷地希望这份仍显仓促的报告，在引起能源电力行业同仁们关注的同时，能激发共同的思考，以此凝聚更多的共识，用智慧的光芒，为能源数字经济新时代照亮前程。

限于作者水平，虽然对书稿进行了反复研究推敲，但难免仍会存在疏漏与不足之处，恳请读者谅解并批评指正！

编著者

2019 年 8 月

目　录
CONTENTS

概　述

能源革命势在必行，数字革命风起云涌，在两者相互融合过程中，能源电力企业既遇到了前所未有的挑战，又赶上了千载难逢的机遇。在此背景下，能源电力企业投资数字化建设、信息网络等新型基础设施初具规模，数据资源价值创造等应用场景日趋丰富，数字化转型正在走向舞台中央。很多企业已经意识到未来市场的竞争关键是数字化核心能力的竞争。数字化已经释放的红利，明显地鼓舞了能源电力企业加快数字化进程的信心，正在成为能源转型的重要推手。

（1）以数字化为聚合力推动能源电力企业由单一价值维度向多价值维度发展，逐步打造共建共治共赢的能源发展新生态。数字化让能源电力企业业务和管理在线化，以数据驱动业务和管理水平提升，丰富对外输出能源产品类型，激发能源企业服务属性，可以更好地适应客户和市场需求。数据拉近了不同能源品类之间的距离，使企业之间数据、价值共享通道畅通，进一步推动能源产业共建共治共赢。

（2）以数字化为驱动力推动能源电力企业向敏捷型、服务型管理模式转变，寻求管理理念、方法、手段的新突破。数字化浪潮在为企业带来巨大商业机遇的同时，也对企业能够与数字化转型相匹配的管理能力提出了要求。企业要将数字化融入管理基因中，根据企业的发展需求，将数字化战略和企业愿景及业务战略进行有效衔接。敏捷、协同、高效的管理模式能够为企业提供更多效益和活力，灵活、柔性、以人为本的管理组织将为企业实现数字化转型提供有力保障，共享、协同、价值挖掘的数据中台能够为企业赋能，从而凝聚企业发展合力，让企业在数字化转型浪潮中抢得先机。

（3）以数字化为创新力推动能源电力企业由传统业务向新型业态转化，需要在数据业务化、分析价值化等方面作出新改变。数据让企业与企业、企业与用户、用户与用户之间实现频繁互动，使业务在线化、智能化成为业务发展的主要趋势。数据已经渗透到企业发展的各个方面，为企业高效生产、协同运行、精益管理提供重要支撑。数据技术将数据价值映射到实际需求，以数据价值形式支撑业务运营和管理变革，重塑业务流程和管理模式，推动企业数字化转型和高质量发展。

1

形势分析：能源革命与数字革命融合发展

能源是人类发展的基石，人类发展的历史就是一部能源产销模式的演变史。换句话说，能源保证了人类的可持续发展，在某种程度上能源革命推动了人类文明的进步。从木炭时代到煤炭时代，从煤炭时代到石油时代，再到现在有多种能源结构共同主导的综合能源时代，人们一直在追求能源的高密度利用，每一次能源变革无一例外地推动了生产力的极大提升，从而进一步推动生产关系的变革。电能的出现为人们打开了新的能源产销模式，让不同能源之间的转化成为可能。历史上的工业革命均是通信技术与能源技术结合[1]，能源革命与数字革命融合也是第四次工业革命的主旋律。

随着数字时代的到来，数据正在越来越被人们重视，并逐渐成为新时代重要的战略资源。以大数据、人工智能技术为代表的数据技术正在改变着人类认知世界的方式。数字化能够整合分散化的能源和差异化需求，推动能量流、信息流、数据流高效融合，实现不同能源品类之间互联互通，推动能源由“平面化”单一能源供给向“立体式”综合能源供给转换。依托数字化，数据实现了对能源产销全环节的价值贯通，推动业务的在线化和智能化，重塑业务模式，激发创新动力，成为企业发展的新引擎。

1.1 数字革命与能源革命融合发展

能源革命已经成为能源发展的主题，能源产销模式更加清洁高效，能源供应由单一品类能源直接供应向多种能源参与的综合能源服务模式过渡。用户在能源生产、消费环节参与程度显著提升，对能源业务模式影响逐渐加强。数据让能源电力企业与用户联系更加紧密，可以提升企业对客户需求的灵敏度，增强企业对市场的适应能力和抵御风险的能力，数字革命正在成为能源革命的重要推动力量。

---

❶ 里夫金．第三次工业革命［M］．2012.

1.1.1 能源革命基本特征和发展形势

能源产业作为国民经济的基础，不仅是确保国家战略安全的必要前提，也是实现经济可持续发展的重要保障。化石能源大量开发和使用所导致的资源紧张、环境污染、气候变化等问题是人类生存发展面临的共同挑战。在能源生产和消费革命的大背景下，能源系统的运行方式、组织结构、利益格局都将面临深刻的变化，新模式、新技术、新市场将应运而生。从能源资源类型、生产方式和利用方式来看，世界能源发展呈现三大趋势：

(1) 能源类型由高碳向低碳发展，即由化石能源走向非化石能源。煤炭单位热值的碳含量为 26.37t/TJ，原油为 20.1t/TJ，天然气为 15.3t/TJ；而水能、风能、核能、太阳能等几乎不含碳。煤炭向油气、油气向新能源发展的过程中，各类型能源所产生的污染物量和碳排放量将越来越低，可以适应和满足生态环境绿色发展的需求。

(2) 资源生产方式由简单生产向技术生产发展。原始人类从自然界中直接获取木柴作为能源，资源生产方式简单化。从煤矿开采到油田开发，越来越体现工程技术的重要性，核能、风能、太阳能等新能源资源的开发已均为技术密集型产业。任一类型能源的开发历程，均体现了技术的重要性。以油气开采为例，早期的石油开采以直井为主，后来水平井技术和水力压裂技术的应用使大量低产井获得了有效开发，近年来水平井分段压裂技术的应用更是推动了一场能源领域的“页岩油气革命”。

(3) 能源利用方式由直接一次转换向多次转化发展。第一次工业革命以前，作为能源的木柴和煤炭以直接热利用为主；随着 1796 年蒸汽机和 1875 年内燃机的发明，能源利用向动力方向拓展；1831 年法拉第发现电磁感应之后，能源利用方式又向电力方向发展，开启了能源利用的电气时代。

世界新一轮能源变革正在孕育，未来发达国家能源消费增长趋缓甚至负增长，能源结构加快向低碳化、无碳化转型，分布式能源、智能能源体系将加快发展，终端用能电气化水平将显著提升，能源开发利用逐步向低运行成本转变。习近平总书记在2014年6月首次提出，并在2017年10月中国共产党第十九次全国代表大会上再次强调“推动能源生产和消费革命，构建清洁低碳、安全高效的能源体系”。建设能源互联网是贯彻落实能源生产和消费革命的重要行动，是加快生态文明和现代化经济体系建设的重要支撑和动力。能源产业转型始终是工业革命的先导，抢占世界能源互联网产业发展高地，是我国把握引领新一轮工业革命重大机遇的关键。

1.1.2 数字革命是能源革命的充分条件

近年来，“大云物移智”等新兴数字技术在经济领域发挥的作用日益凸显，带来了思维、文化、模式等全方位变革，数据成为一种新的生产要素，正在改变着经济发展的范式。新价值创造模式探索层出不穷，尤其为实体经济行业带来“曙光”。2016年10月，习近平在中央政治局第36次学习中强调，要加快数字经济对经济发展的推动，加快建设网络强国；2017年10月，习近平在党的十九大作报告提出加快建设创新性国家，开展技术创新，为建设数字中国提供有力支撑。这一系列重要讲话将数字化转型上升到国家战略。

为了抓住新一轮科技革命和产业变革的历史时机，李克强总理于2015年在政府工作报告中提出“互联网＋”行动计划。所谓“互联网＋”，是指以互联网为主的新一代信息技术（包括移动互联网、云计算、物联网、大数据等）在经济、社会生活各部门的扩散、应用与深度融合的过程，这将对人类经济社会产生巨大、深远而广泛的影响。目前，我国能源行业改革进入深水期，处于行业调整结构迫切需求转型升级的关口，能源企业纷纷希望借助“互联网＋”实现改革、开拓、创新的发展新局面。2016年2月，国家发展改革委发布《关于推进“互联网＋”智慧能源发展的指导意见》，明确智能化能源生产消费基础设施、多能协同综合能源网络、能源与信息通信基础设施深度融合等十方面重点任务。2017年6月，国家能源局发布《国家能源局关于公布首批“互联网＋”

智慧能源示范项目的通知》，能源互联网建设再次提速，示范项目共计 9 类 55 个，涉及城市能源互联网、园区能源互联网、基于灵活性资源的能源互联网、基于绿色能源灵活交易的能源互联网和能源大数据等多个领域。

能源革命和数字革命的深度融合，推进能源系统实现转型升级。即利用互联网思维与技术改造传统能源行业，建立横向多元互补、纵向“源-网-荷-储”协同、能源与信息高度融合的新型能源体系。

在数据的推动下，能源信息物理系统通过数据，在之前相对独立封闭的系统之间建立联系，准确把握社会需求，让能源系统运行更安全、更清洁、更高效。能源物理系统与互联网信息技术的深度融合，既可提高可再生能源的入网比例，实现能源供给方式的多元化，促进能源结构优化，又可以实现能源资源按需流动，促进资源节约、高效利用，实现降低能源消耗总量，减少污染排放。事实上，数据弱化了不同能源系统之间的物理屏障，实现不同能源系统之间的信息交互，为能源互联网建设提供可能性。“互联网+”智慧能源能够最大程度提高能源资源利用效率，降低经济发展对传统化石能源资源的依赖程度，从根本上改变我国能源生产和消费模式，有效解决当前能源消费和环境与经济发展之间的矛盾。

1.1.3 数字经济成为经济增长核心动力

当前，全球经济正在从传统经济向数字经济转型。2016 年 G20 杭州峰会制定的《二十国集团数字经济发展与合作倡议》认为，数字经济是指以使用数字化的知识和信息作为关键生产要素、以现代信息网络作为重要载体、以信息通信技术的有效使用作为效率提升和经济结构优化的重要推动力的一系列经济活动。数字经济是继农业经济、工业经济之后的一种新的经济社会发展形态，更容易实现规模经济和范围经济，日益成为全球经济发展的新动能。

数字化的概念历经演变，内涵不断丰富。目前看可以细分为**信息数字化**、**业务数字化**、**数字业务化**三个维度，信息数字化是业务数字化和数字业务化的基础环节，是开展创新应用的前提，这三个维度对大型企业数字化转型同等重要，共同推动了企业管理变革与业务转型升级。

维度一：信息数字化（Digitization），侧重信息与数字的转化，其本质是依托信息技术，将模拟信息编码成 0 和 1，实现对信息的采集和转换，便于计算机就地存储、处理和传输。

维度二：业务数字化（Digitalization），侧重以数字技术促进现有业务的开展，实现“数据四用”（用数据说话、用数据决策、用数据管理、用数据创新），通过提升原有业务的效率效益，挖掘新的价值增长。

维度三：数字业务化（DigitalBusiness），侧重数字业务的价值创造过程，将数字资源、数字基础设施作为独立的业务，开展商业模式创新与新模式、新业态运营。

习近平总书记在中共十九大报告中强调，要加快推动大数据与实体经济的深度融合，加快推进科技创新，建设数字中国，并在 2017 年 12 月 8 日的中央政治局集体学习中对这一战略作出更具体部署，面向全国发出了“学懂用好大数据，主动抢占经济数字化发展制高点”的动员令。数字化逐渐成为经济社会增长的动力引擎，也成为企业创新发展的推动力量。经过数十年发展，我国发展数字经济所依托的基础软硬件技术和产业取得了较大进展，初步形成了比较完整的产业链。根据中国信息通信研究院的测算，2018 年，我国数字经济的规模已达 31.3 万亿元，占 GDP 比重为 34.8%。数字经济正成为驱动我国经济发展的重要力量，发展数字经济是促进经济转型升级的必由路径，也是落实网络强国战略的重要内容。

1.2 数字化助力能源行业高质量发展

能源是人类赖以生存和发展的重要物质基础。在全球能源革命和能源转型方兴未艾的当下，数字化被视为传统能源行业转型升级并焕发生机活力的重要驱动力量。

数字化对能源行业的诸多方面都产生了深远影响，以 5G、人工智能、工业互联网、物联网等为代表的数字化的新型基础设施对我国经济起到了促进作用。数字经济已经成为我国经济的重要组成部分，发展数字经济需要有相应的数字化基础设施作为基础和保障。同时，数字化转型推动能源产业建立生态圈，为能源行业引入共建、共创、共赢的新发展理念和新思路；数字化技术和工具的出现，为能源产业之间协同发展奠定基础；能源产业打造“命运共同体”需要体制、机制方面的管理变革。

1.2.1 数字基础设施支撑数字化建设

（1）发展数字经济需要有相应的数字基础设施作为基础和保障。

回顾全球经济发展史，每次工业革命的兴起都离不开基础设施的出现。例如，由蒸汽机推动的第一次工业革命是以铁路和运河建设为标志和必要条件；由内燃机和电力驱动的第二次工业革命是以高速公路、电网建设为标志和必要条件；由计算机和通信技术推动的第三次工业革命是以互联网和信息高速公路建设为标志和必要条件。

当前，全球已经进入了第四次工业革命的初始阶段，数字经济是新工业革命的本质特征[1]。由历史经验可知，发展数字经济也必须有一套与之相适应的数字基础设施作为基础和保障。

（2）“新型基础设施建设”能够支撑我国推进数字化建设。

2018 年中央经济工作会议重新定义了基础设施建设，把 5G、人工智能、工业互联网、物联网等定义为“新型基础设施建设”，并将其作为 2019 年经济建设的重点工作任务之一。显然，云计算、大数据、人工智能、物联网、区块链等相继成为政策热点受到全社会关注，在一系列技术和概念的背后，以大数

[1] 克劳斯·施瓦布．第四次工业革命［M］. 2016.

据、人工智能、区块链等技术为代表的科技产业化，正在呼唤一套基础设施做强大支撑。

以5G、云计算、大数据、人工智能、工业互联网、物联网等为代表的新型基础设施本质上是数字化的基础设施。与传统基础设施相比，5G、人工智能、工业互联网、物联网等新型基础设施的覆盖范围更加广泛，不同领域基础设施之间的交叉融合程度更高，参与基础设施投资、运营的主体更加多元，基础设施支撑的业务、业态更加丰富，更能体现数字经济的特征，可以更好地推动我国经济的转型升级。例如，我国传统制造业的数字化转型和新兴智能制造业的发展需要工业互联网的大力支持；我国水、电、气等城市公共基础设施的数字化改造和智能化转型也需要物联网的有效支撑等。

1.2.2 推动能源产销模式变革

数字化对能源体系的诸多方面都会产生深远影响，但篇幅所限，本部分只关注数字化对能源产销模式的影响。数字化推动能源在生产和销售方面发生以下重要变化：

(1) 数字化能够提升能源的生产效率，增加能源的有效供给。

传感器是能源企业应用较多的一类数字化设备。能源企业通过在能源开采的过程中大量使用传感器等数字化设备，可以使能源的生产效率大幅度提升。例如，在很多大型的石油天然气开采项目中，不同的钻井之间往往分布着数以千计的传感器，这些传感器能够在以毫秒为单位的时间内帮助企业迅速作出可靠决策。

人工智能、物联网、智能机器人等数字化设备的广泛应用可降低能源开采的经济成本和技术难度，改善能源开采的工作环境，原本由于成本太高、开采环境过于恶劣而无法开采的油气、煤炭等能源资源将逐步解禁。例如，随着智能机器人在石油勘探领域的应用，之前全球大量无法开采或者高成本开采的油气田将逐步解禁，全球能源可开采量将发生巨大变化。

(2) 数字化能够降低能源在开采、加工、运维等方面的生产成本。

传感器、人工智能、物联网等数字化工具的大量应用将显著降低能源企业在开采、加工、运维等环节的生产成本。根据 IEA[1]《数字化和能源 2017》报告的预测，数字技术的大规模应用将使油气资源的生产成本减少 10%～20%。

案例：Flutura 公司利用 AI 实现远程故障预测诊断服务

印度的物联网企业 Flutura 为一家大型油气公司提供了一种“数字预测即服务”模型，使该油气公司可以利用 AI 故障预测模块对设备传感器中的数据流进行实时监测，从而主动开展远程诊断并进行现场维修，无须再因为停工而花费大量的精力和时间。

(3) 数字化使能源企业从仅能提供单一的能源产品转向同时提供能源产品和多种增值服务。

数字化的发展使数据成为能源企业的一项重要资产，数据也从能源生产和销售过程中的副产品转变为企业的核心要素。能源企业利用数字化技术及工具对其所掌握的用户数据开展不同目的的数据挖掘，在此基础上为客户提供多样化的增值服务。这些增值服务既包括（但不限于）产品销售、能效管理、融资租赁等综合性的能源服务，也包括个性化的能源服务，从而有效推动“以客户为中心”理念的落地。在这一过程中，能源企业从仅能提供单一的能源产品转向同时提供能源产品和多种增值服务，能源企业的身份和定位也逐渐发生变化，从能源供应商逐渐转变为综合能源服务商。

(4) 数字化使能源企业接触客户的渠道更加多样，能够为客户提供全方位、无死角的能源服务。

---

[1] 国际能源机构，其宗旨是协调各成员国的能源政策，减少对进口石油的依赖，在石油供应短缺时建立分摊石油消费制度，促进石油生产国与石油消费国之间的对话与合作。

数字化为能源企业与客户之间提供了更加多样的交互方式。能源企业不仅可以通过传统的线下渠道（营业厅、加油站等）接触客户，还可以利用数字化所带来的新的数字渠道（如手机 App 等）开发多种在线服务，线上、线下两类服务渠道互为补充，从而为用户提供全方位、无死角的服务。客户通过手机 App 就能实现能源产品的在线查询、在线交费、在线管理等操作，客户体验效果大大提升。

(5) 数字化使能源的产销过程逐步实现“去中介化”。

区块链、物联网等数字化技术的出现彻底改变了能源行业的产销流程。区块链具有去中心化、公开、透明、可追溯等特点，与分布式能源、能源互联网的发展理念相一致。利用区块链技术可以协助能源生产商和能源消费者（主要是电力生产商和电力消费者）之间建立直接的联系，简化各方的相互关系和相互影响，并改变现有的集中式、多级管理的能源系统。尤其是，对于分布式光伏发电等由于安全或技术原因而无法进行大批量、远距离传输的能源品种，通过区块链就可以就近实现这类能源在生产商和消费者之间的点对点（P2P）交易，实现能源产销过程的“去中介化”。

(6) 数字化能够重塑能源生产者和消费者的身份和地位，使能源产销过程从“单向”转向“闭环”。

储能、物联网等数字化技术和设备的出现能够重塑能源产销的全过程，使能源产销过程中涉及的各方的关系发生重要变化——能源生产商和能源消费者之间的界限逐渐变得模糊，各方的角色实现互换或者是叠加。例如：能源生产商不仅可以向能源消费者单向地出售能源产品或服务，也可以从能源消费者那里回购多余的能源产品或者是数据的使用权。同时，能源生产商还可以利用物联网、传感器等数字化设备主动获取用户的反馈数据，并基于反馈数据对能源产品的种类、质量、方式等信息进行修正，以利于二次销售或多次销售。在这一过程中，能源消费者也从单纯的需求方转向兼具需求方和供给方“双重角色”。因此，借助于物联网等技术的广泛应用，能源的产销过程从“单向”转向“闭环”。

1.2.3 推动能源产业共建共创共赢

（1）数字化为能源行业引入共建、共创、共赢的新发展理念和新思路。

近年来，随着数字经济的发展和能源企业向数字化企业转变，互联网文化、生态思维等先进的发展理念和思路被陆续引入了传统的能源行业。以国家电网有限公司为例，国家电网有限公司在 2019 年年初提出建设“三型、两网”新战略，打造“枢纽型”“平台型”和“共享型”能源互联网企业。在数字化浪潮的推动下，能源行业树立了实现共建、共创、共赢发展的新目标。

（2）数字化技术和工具的出现为能源产业之间协同发展奠定基础。

数字经济的发展打破了原本泾渭分明的能源各产业之间的固有边界。能源各产业之间进行价值创造的逻辑出现重构，产业边界趋于模糊。例如，电动汽车的发展就横跨和重塑了多个能源产业。

在这一过程中，5G、人工智能、工业互联网等数字化技术和工具的存在和广泛应用可以实现同时对多个能源产业赋能，为能源产业之间协同发展奠定基础。

（3）能源产业打造“命运共同体”需要体制、机制方面的管理变革。

数字化为能源产业之间形成“命运共同体”提供了技术和工具基础，但实现能源各产业之间的协同发展、共创共建仍然需要体制、机制等方面的管理变革。这些管理变革包括（但是不限于）共治共建的发展机制、公平公正的能源交易机制、合作共赢的商业运营机制和利益分配机制等。

1.3 数字化推动能源电力企业发展转型

数字化有效推动企业高质量发展，特别是对业务条块化明显的能源电力企业而言，数字化转型实现资源与需求再匹配，尤其数据中台的引入和应用让优质资源真正服务于需求痛点，实现数据与业务需求的高度匹配，让数据价值贯穿于业务运营管理全流程。数字化让能源电力企业对市场需求反应更加迅速、更加灵敏，为满足客户需求提供了可能性，激发了企业创新活力，形成了“以数据为基础带动创新、以创新为基础带动业务”的发展模式。

1.3.1 数字化企业发展提速

随着云计算、大数据、人工智能、物联网、区块链等新兴技术的应用和发展，零售、金融、通信、医疗、教育、制造、能源等行业数字化发展迅速，企业传统业务纷纷与新兴数字技术深度融合，带动整个行业的数字化转型。不同行业存在明显的差异，数字化程度不一，数字化转型也呈现不同的特征，下面主要以零售、金融、制造、能源为例分析数字化转型情况。

（一）零售行业

消费者购买行为的变化和新技术的发展为零售和消费品行业带来巨大挑战，不断变化的市场形势、来自渠道的挑战、业务模式创新所带来的压力、稳步增长的消费量和激烈竞争的市场环境要求零售和消费品企业必须抓住时机，快速应对环境变化，探索数字化转型。我国电子商务的发展一直走在世界的前列，数字化转型程度较高。2018 年我国超过 6 亿的消费者选择网上购物，网络零售发展高度成熟，规范化、互动化、全球化趋势明显。另外，传统零售行业转型升级、创新发展成果显著，便利店、商场、超市销售额增长快速，数字技术应用活跃，线上线下形成良性互动。

案例：永辉零售“下半场”，向行业输送“科技力”

2018 年，腾讯智慧零售逐步落地应用到用户的门店端、用户端及供应链端，通过灵活运用这些工具，永辉实现自身全场景、全链路的“数字化版图”。

在线下，永辉小程序不断渗透，门店全面实现扫码购、移动支付。在供应链端，商品进、销、存、出四大环节实现“全链路”数字化，预测商品的销售量，并根据销售实时反馈供应链。在运营端，运用小程序和 APP 的运营，永辉实现线下到线上的引流。后期，不同用户被分到线上各个微信社群中，店员通过对不同社群的数据洞察，进行日常运营，以提升拉新、复购和留存率。永辉云创不仅仅为永辉提供技术支撑，也在用户思维、产品思维、运营方法、组织架构和企业文化方面对其进行创新，对传统零售模式进行重构。

（二）金融行业

随着金融信息化深入持续发展，以移动金融、互联网金融、智能金融等为代表的金融新业态、新应用、新模式正在蓬勃兴起，传统金融机构和金融科技公司良性竞合的关系初步形成，金融业数字化转型积累了较好的技术基础和丰富的实践经验。我国金融业总体科技水平和应用创新能力已跨入国际先进行列，相较于国内其他行业，数字化转型起步较早，且成果显著。随着技术门槛的降低，越来越多金融机构将更为广泛地利用数字化技术改造原有系统架构，提升管理运营和营销服务，挖掘大数据、人工智能、区块链在金融领域的深层应用。

案例：工商银行以智慧银行为核心，全面赋能生态价值链

2018 年 11 月，工商银行将原信息科技部、产品创新管理部整合，成立金融科技部。2018 年工商银行全面实施智慧银行信息系统（ECOS）转型工程，以“客户服务智慧普惠、金融生态开放互联、业务运营共享联动、创新研发高效灵活、业务科技融合共建”为目标，以企业级业务架构为依托，以松耦合、分布式IT架构和标准化、智能化数据体系为基础，聚焦重点业务领域实现产品整合、流程联动和信息共享，着力提升灵活创新、智能应用、开放融合能力，为转型发展赋能，为创新领跑助力。2019年5月，中国工商银行通过附属机构设立的工银科技有限公司在河北雄安新区正式挂牌开业。公开信息显示，工银科技注册资本为6亿元，注册地为河北雄安新区，主要业务方向是以金融科技为手段，聚焦行业客户、政务服务等金融场景建设，开展技术创新、软件研发和产品运营。

（三）制造行业

无论是德国“工业4.0”战略，还是美国“先进制造业国家战略计划”，其本质都是以智能制造为手段，大力发展制造业，带动国家整体经济提升。但是制造业与金融、零售、教育等行业相比，各领域发展水平良莠不齐，企业之间的信息化、智能化程度高低悬殊，处于不同发展阶段的企业普遍存在，导致制造业领域企业数字化转型差异较大。但是总体而言，我国制造业在“中国制造2025”和“制造强国战略”的引领下，充分利用工业互联网、工业大数据、工业云等新一代信息网络技术，实现了生产制造与数字技术的全方位渗透与融合，创新生产方式、组织方式、商业模式、价值链分布和竞争战略，有力推动了我国制造业的数字化转型。

案例：宝马公司实施“第一战略”，深度拓展数字化未来

宝马公司作为传统的、知名的汽车制造厂商，在数字化发展中将创新作为公司第一战略。受到“工业4.0”和无人驾驶技术的强烈冲击，宝马通过积极实施持续的颠覆性创新战略，积极引入数字技术，实施“第一战略”（A. C. E. S），即实现汽车的自动（Automated）、联接（Connected）、电动

(Electrified)、共享（Shared）四个方面的发展，确保全球领先汽车品牌的地位。在全新“第一战略”的指导下，为客户创造颠覆性的解决方案和创新出行体验，从而保证企业的长期发展。一方面，将持续关注核心业务的高水平运营并继续改进；另一方面，在创新技术和服务方面进行针对性投资。

此外，宝马公司通过部署引入混合现实技术的数字化设计、引入3D打印技术的数字化生产、引入人机交互技术的数字化用户体验以及融合自动驾驶、5G等前瞻技术的移动出行解决方案等多方面研发的成果，推动“第一战略”快速落地，进而改变了其商业模式的改变，即从一个汽车制造商转型为一个提供豪华出行产品和服务的汽车服务商。

（四）能源行业

在能源产业领域，国内外能源企业在数字化的浪潮中勇于挑战传统、锐意进取，开展了丰富的数字化转型实践工作。能源类型的转换、不断提高的环境要求、持续变化的消费者需求以及层出不穷的数字技术，给传统能源企业带来巨大的机遇和挑战。未来一段时间，随着成熟电力市场的发展增速逐步放缓，需求端增速的下降，以及消费者对多元需求和友好体验的价值主张，能源企业的数字化发展需求将变得更为迫切。数字技术正在融入每一项资产、每一次运作和每一轮互动当中，通过按需交付富有洞见的解决方案，帮助企业实现智能化。数字技术正在推动市场加速迈向新的能源模式，促进能源企业生产工艺和商业模式的转型升级。

案例：德国意昂通过重组向综合能源供应及服务商转型

德国意昂集团（E.ON）原本是一家以电力、化工、石油兼营贸易、运输和服务业的大型能源集团，通过重组实现了能源数字化发展变革。

受到新能源技术发展和德国能源转型战略的共同推动，意昂面临着能源转型的压力，2014 年确定了“Empowering customers. Shaping markets”的发展战略，同时推动企业的数字化发展和业务转型，重新进行组织架构的彻底性变革。意昂将传统的能源业务，包括遍布欧洲的核电、火电、石油、天然气以及与能源贸易相关的业务剥离出来，打包成立优立普华（Uniper）公司，而原来的意昂则彻底从传统能源企业向综合能源供应及服务商转型，仅保留了风能和光伏等可再生能源业务和配电网、配气网及客户服务等领域的业务，致力于推动发展绿色、分布式的新型能源发展模式，以数字化手段来推动客户服务质量的全面提升。

综上所述，零售业更靠近终端消费者，用户交互频繁和需求多样，实体购物与数字购物之间界限越来越模糊，数字化转型程度最高。金融业作为信息化发展较早且成熟的领域，机器学习、人工智能、区块链等新兴技术应用广泛，数字化转型进展迅速。相对于零售业和金融业，制造业信息化、数字化基础薄弱，数字化转型程度较低，目前仍处于探索期。对能源领域而言，国内外能源企业要主动适应数字时代发展要求，面对新形势积极作出调整，以数据驱动企业转型。

1.3.2 数据中台[1]助力能源电力企业数字化转型

数字平台力量日益增长具有广泛影响，平台越来越成为数字化转型的重要工具。网络效益为平台提供了强大动力，更多的数据意味着更多的价值流量，这些价值对于企业意味着分析和解决问题的能力，也意味着更强的市场掌控能力和产品竞争力。先进企业也在不断探索新的平台形式，让平台更符合实际

[1] 数据中台被誉为大数据的下一站，由阿里巴巴集团兴起，核心思想是数据共享，并在 2018 年因为“腾讯数据中台论”再度成为了人们谈论的焦点。

需求。

能源电力企业业务多样，需求与资源分布零散，不同业务之间关联程度不同，业务整合难度较大。数据中台为能源电力企业业务整合提供了可行方案，可更好匹配数据与需求，促进数据驱动应用推广。数据中台通过数字技术，对海量数据进行采集、计算、存储和加工，同时统一标准和口径，通过丰富的数据标签为前端应用提供敏捷的数据服务，通过实时数据洞察、精准分析来影响和改变业务流程和应用本身，更高效地服务上层决策。

数据中台能实现数据的分层与水平解耦，沉淀公共的数据能力，通过数据建模实现跨域数据整合和知识沉淀，通过数据服务实现对于数据的封装和开放并快速、灵活满足上层应用的要求，通过数据开发工具满足个性化数据和应用的需要，最终达到一次计算、多次应用和一次建模、多次共享。

数据中台架构见图 1-1。

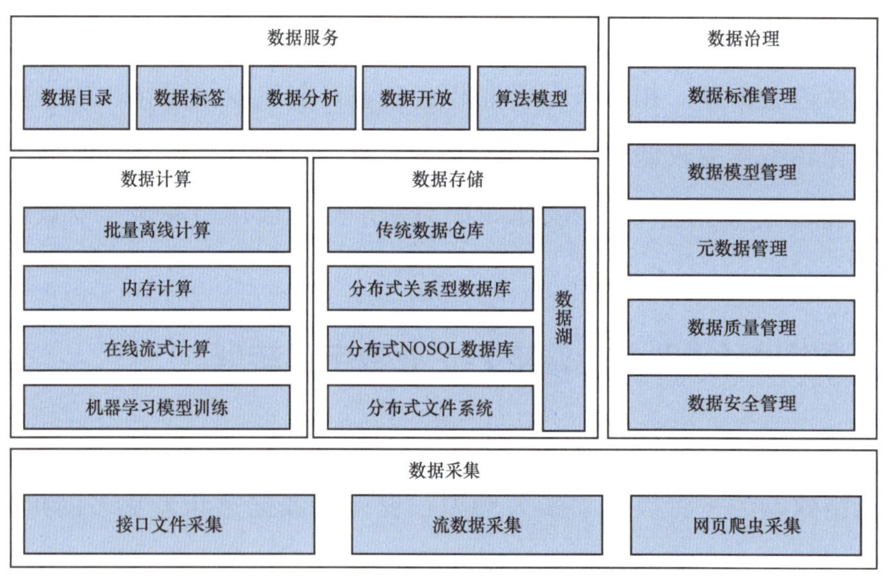

图 1-1　数据中台架构

通过对先进企业转型实践研究发现，数字化中台是数字化技术与业务管理得以融合发展的枢纽，是一种依托数据充分共享来打破专业壁垒、促进专业协同、提升运行效率、实现上下贯通的载体。对于电网企业，数据中台定位于为各专业、各单位提供数据共享和分析应用服务，以全业务统一数据中心为基础，沉淀共性数据服务需求，满足横向跨专业间、纵向不同层级间数据共享、分析挖掘和融通需求。对于发电公司，数字化中台将企业前端基建、调控、运检等一线业务与后台的全业务数据中心及决策支持应用紧密联系在一起。其中，数据作为新的生产要素，指导企业内部其他资源的调配。数字技术作为新的生产力，最大限度挖掘数据要素的价值。数字化中台依托数字技术的应用，实现对能源电力企业全量数据要素的充分挖掘和按需共享，从而提升知识的产出、交互的速度和质量，实现更精准科学的管理决策、更敏捷和透明的业务流程。

1.3.3 数据运用推动能源电力企业业务创新

数据已成为社会和国家层面的战略资源，是企业数字化转型过程中最核心、最重要的生产资料，是企业重塑业务、自我转型的决定性因子。当前，市场瞬息万变，因时而变、因势而变，如何在快速变化的环境中精准决策、业务创新、优化部署，成为企业赢得市场先机的关键所在，而在此过程中，对数据的开发利用是应对上述变化的核心。在能源领域，能源大数据与能源生产、消费深度融合，加速推进能源产业发展即商业模式创新。

以数据优化企业内部管理运营。通过将能源生产、消费数据与内部智能设备、客户信息、电力运行等数据结合，可充分挖掘客户行为特征，提高能源需求预测准确性，发现电力消费规律，提升企业运营效率效益。对于电网企业，该模式能够提高企业经营决策中所需数据的广度与深度，增强对企业经营发展趋势的洞察力和前瞻性，有效支撑决策管理。

通过对海量业务运营数据的分析挖掘，能源企业改变了原有的经验驱动的决策管理模式，依托多维度数据分析，极大地提升管理效率、压缩管理链条，实现不同场景个性化决策，提升了决策管理的客观性、精益性和敏捷性。

以数据提升用户消费体验。随着全球能源监管强度不断提升，仅依托能源供应将难以实现利润增加。同时，当今客户不只关注产品本身，而且越来越重视消费体验。在这样的趋势下，越来越多的能源企业开始依托数据驱动客户体验的改善。

目前几乎所有的能源企业都开发了在线服务和在线自服务应用，使客户可以通过手机移动端实现在线的查询、交费、管理等操作，实现线上线下服务渠道融合，优化对客户的理解，并在此基础上拓展其他服务模式。电网企业依托智能电表开展智能家居服务，通过智能电表和其他智能设备的整合，使客户可以通过电脑或者手机对家庭用能进行管理。

以数据推动商业模式创新。数据成为数字时代新模式、新业态创新的主要动能，能源企业也在不断探索新的商业模式。能源企业立足于传统业务，利用行业技术和数据的优势，拓展和培育新的业务领域。

电网企业在不断利用其行业技术和行业数据优势服务智慧城市建设，如爱迪生公司将美国伊利诺伊州的 14 万盏路灯升级为智能街道照明，使其能通过采集亮度和物体活动的数据而实现自调节。据估算，这仅在芝加哥市每年就将节约 1000 万美元左右的费用。

能源在其他行业领域的渗透性强，以能源为核心开展商业模式拓展具有跨界创新的潜能，具有很广阔的发挥空间。未来的能源商业模式将更多依靠数据和数字技术驱动，并不断向清洁、高效、分布式方面发展。

1.4 数据技术重塑能源企业形态

数据技术从实验室走向实际应用，得益于数据技术的发展，数据价值得到更大程度的发挥，数据作用日益凸显。数据技术逐步成熟促进了数据应用的新模式、新方法，推动数据管理模式创新和应用模式创新。数据技术给能源电力企业带来的红利远超技术本身，不仅是企业经营效益的提升，更为重要的是重塑业务架构和管理模式，有力推动企业高质量发展，激发企业创新潜力。

1.4.1 数据技术发展势头良好

随着信息科技发展，围绕数据管理、数据应用而开展的数据技术发展迅猛，大数据、人工智能、云计算、区块链、边缘计算等技术快速发展并不断成熟，为数字化转型提供了基础保障。未来的竞争是数据资源储量和运用能力的竞争，对数据管理、分析、应用的能力直接决定了企业在数据时代的竞争力。由于数据在未来的巨大潜力，各个政府、组织机构、企事业单位纷纷开展大数据技术和应用研究，提升自身的数据运用能力。数据技术迎来了黄金时期，核心技术不断突破，形成了良性的数据发展序列。Gartner 曲线[1]是分析评价技术成熟度发展阶段的常用参照物，将技术的发展归纳为萌芽期、期望膨胀期、泡沫破裂低谷期、稳步爬升恢复期、技术成熟期等几个阶段。以人工智能技术为例，从 1956 年人工智能概念被提出直到现在，经历了多次发展的低谷，到今天技术产业仅在几个领域有所突破，技术瓶颈依然明显，强人工智能时代仍比较遥远。

图 1 - 2 为 2018 年 Gartner 技术成熟度曲线，从曲线中可以分析技术发展所处阶段。以自动驾驶技术为例，2018 年第四级智能驾驶技术进入幻灭低谷期，业界逐渐对智能驾驶技术回归理性认识，但自动驾驶技术仍在不断发展，例如，特斯拉 model3 已经实现 L2 级自动驾驶功能，车辆可以在驾驶员完全不干预的情况下安全行驶。

分析 2018 年 Gartner 技术成熟度曲线，数据技术战略有以下几个趋势：

第一，增强型数据分析。作为数据分析的高级阶段，增强分析能够为分析带来更多的自动化属性，进一步提升数据的洞察力和影响力。Gartner 预测到 2020 年，增强分析有望成为分析和商业解决方案的主要卖点。

[1] Gartner（高德纳）是全球最具权威的 IT 咨询和顾问咨询公司，每年都会依据技术发展情况发布技术成熟度曲线，为业内评估技术发展阶段提供有力的参考依据。

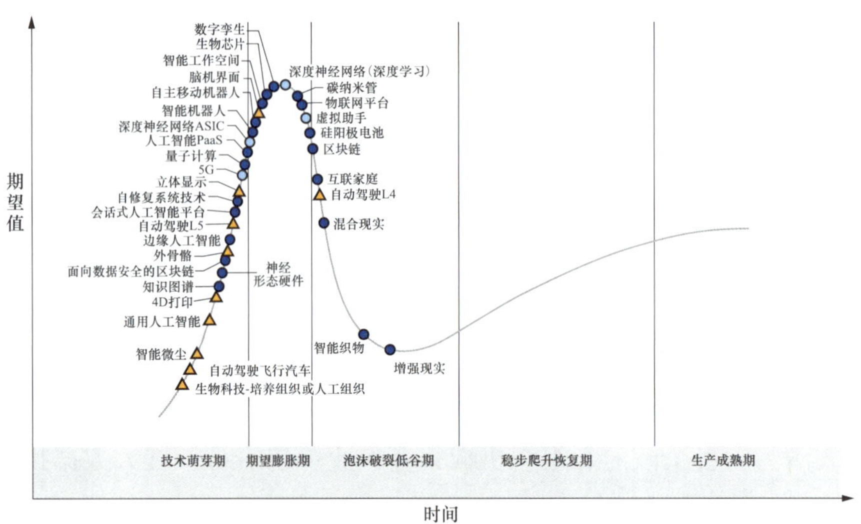

图 1-2　2018 年 Gartner 技术成熟度曲线（截至 2018 年 8 月）

注　到达生产成熟期需要的年限：○—不到 2 年；○—2～5 年；●—5～10 年；▲—超过 10 年；⊗—到达生产成熟期前即被淘汰。

第二，自主设备。无人驾驶汽车、无人机、智能机器人都属于这个范畴，人工智能技术真正发挥效能代替人类完成一些工作。由于人工智能技术目前仍处于初级阶段，对于复杂问题的解决处理能力比较有限，这一类技术应用范围还比较局限，应用场景仍有待拓展。

第三，AI 驱动的开发。AI 成为辅助开发人员的利器，为开发人员提供由 AI 算法和基础组建组成的开发生态系统，可有效辅助人员开展定制化开发，推动“平民化开发”时代。

第四，数据孪生。将现实世界中的实体或系统数字化表示，Gartner 估计到 2020 年，将有超过 200 亿个联网的传感器和端点，实际物体将实现层次更深、范围更广的数字化表示。数字孪生是物联网之后的阶段，依赖于数据掌握现实世界的情况。

第五，边缘计算。指在靠近数据源的一端，采用计算、存储、网络等方式提供靠近端的计算服务模式。边缘计算框架中，信息处理和内容收集及传递更加靠近这些端点，使信息数据传递处理效率更高，可显著降低流量、缩短延迟。

第六，沉浸式体验。虚拟现实、增强现实和混合现实等技术从改变人类与机器的对话方式开始，正在逐渐改变人们感知数字世界的方式。技术的发展使人类能够通过多通道、多维度感知世界，信息和知识的获取途径都将发生革命性变革。

第七，区块链技术。区块链作为一种分布式账本，能够构建可信的基础环境，减少业务生态系统之间摩擦，有效降低信任成本。目前区块链技术仍有不足，且在关键模型和规模化业务运营中未经验证，距离应用落地仍有较大差距。但区块链潜力较大，有望助力实体之间的数据共享，跟踪并改善企业数据资产，提升企业的数字化水平。

第八，智能空间。智能空间是一种物理或数字环境，人员和技术支撑的系统在日益开放、互联、协调和智能的生态系统中彼此交互。智能空间中包含多个要素，为目标人员和行业打造沉浸式场景，使人员或企业对场景的认识更直观、更智能。

第九，量子计算。量子计算机具有并行执行和可扩展性，这意味着量子计算擅长处理更为复杂的计算问题。毫无疑问，量子计算的发展对于人类社会的作用是颠覆性的，计算能力使很多问题变得简单。

数据技术的发展推动了数据产业的进步，为数据应用拓展了更多渠道。数据技术的成熟让数据应用有了“底气”，使数据价值得以充分发挥。

1.4.2 数据技术催生数据应用新范式

数字化范畴大于数据技术范畴，但数据技术是实现数字化的核心技术。数字化的演变不是由某一种或者几种技术推进，而是一波技术趋势助推的结果。当然，在这波趋势中，有一些技术让人印象深刻，例如深度学习、智能语音、自然语言处理、图像识别等；也有一些场景让人印象深刻，如 AlphaGo、波士顿动力公司机器人等，这些都在一定程度上改变了人们的认知方式。物理空间与数字空间之间的界限正在逐渐模糊，人类之间的交易方式也在改变。增强现实、虚拟现实等技术发展将电子数据带入到物理世界，通过数字链接物理世界和人类社会。数字孪生的出现让人们能够通过数字化手段反映真实的物理世界，这也打开了人类认知物理世界新的维度。德勤[1]《工业 4.0 与数字孪生》报告中指出，数字孪生的真正功能在于能够在物理世界和数字世界之间全面建立准实时联系，这也是数字孪生技术的价值所在。过去，创造数字孪生的成本高昂，投资回报较低，但随着存储与计算成本降低，数字孪生应用领域逐渐拓展，收益大幅上涨，商业价值大幅提升。

数据的发展和广泛应用在一定程度上改变了人类认知世界的方法，为人类认知物理直接提供了新的视角。应该注意的是，新技术的发展往往伴随着不确定性。从“熵”角度，不确定性往往意味着更多的价值和更多的可能性，但这给一些对确定性要求比较高的行业场景带来了潜在风险，例如电网运行控制场景，需要确定性答案。从积极的一面看，数据技术的发展和应用让机器替代人类从事繁重工作，减轻人们的负担；另一方面，数据技术的发展也挑战了现有的用工模式，在某些领域，机器的能力已经和人类接近甚至超过人类，未来可能出现低成本人力和机器竞争的局面。因此需要意识到，数据技术发展不仅仅是对人类现有工作的简单替代，未来高级阶段数据技术将完成人类难以完成的复杂工作，在一些领域完成人类所不能完成的复杂工作。这些场景和设想离不开数据的价值深度挖掘和高效应用，伴随着数据技术的发展和认知理念的进步，数据应用出现了一些新范式：

（1）从“数据传递”向“价值传递”过渡。在数据分析技术大范围应用之前，很多企业信息化系统是数据的主要管理和应用平台。对于能源电力企业，

[1] 德勤会计师事务所是全球领先的专业服务事务所之一，其主要业务为向客户提供审计、企业管理咨询、财务咨询、风险管理及税务服务。

信息化系统实现了企业的信息化和自动化，直接传递数据本体作为标注物理系统的状态的主要方式。在这种模式下，数据价值往往只体现在数据呈现出来的物理特征，数据深层价值应用受限，人们忽略了数据深层价值对于企业运营管理的重要意义。随着数据技术的发展，企业越来越意识到数据价值对于企业的助推作用，数据的应用逐渐由单一的信息系统传递过渡到以数据分析为核心的价值应用，数据价值传递成为企业业务高效运行和管理的保证，而企业新建的数据管理和应用系统也以数据价值传递为核心，最大限度发挥数据价值。

(2) 从“模型驱动”向“数据驱动”过渡。面向企业业务的分析传统往往采用模型驱动，以物理世界的基本原则为指导构建模型，驱动业务运行状态分析和管理调整。能源电力企业尤为明显，电网是一种实时性强的非线性网络，网络拓扑结构复杂，各环节之间的耦合关系十分复杂，虽然电力工业的发展让人类对于电网认识在很多方面很深入，但由于网络的复杂性不可避免地存在一些简化和假设，这也让分析结果不是那么“可靠”。数据驱动直接从数据入手，相当于将之前的结果量作为现在的输入量，反推运行过程状态，避免了模型误差带来的影响。数据驱动作为一种直接从结果入手的分析范式，已经引起了很多能源电力企业的关注，在业务运行管理等方面正在尝试应用，以提升电力企业的运行效率和管理水平。

(3) 从“采集数据”向“生产数据”过渡。数据驱动离不开数据的支撑，传感器、采集技术、通信、物联网等技术的发展让人类采集数据的能力不断提升，使数据采集的深度和广度不断拓展。但是直采数据质量一般难以满足分析需求，且数据标签不完备，缺失情况经常出现。在此情况下，一些公司尝试将采集数据进行二次加工，利用打标签、数据清洗、数据融合、数据建模等方式重构数据，提升数据的可用性和价值禀赋。也有的公司将机器学习过程或者结果数据作为“二次数据”使用，用存储管理数据价值代替数据的直接管理，提升数据管理效率和价值密度。更为重要的是，数据的再加工可以屏蔽掉一些隐私信息，有效避免隐私泄露的风险。

（4）从“业务生态”向“数据生态”过渡。很多企业发展以业务需求为出发点，逐渐形成业务生态，企业内部条块化分割严重，这也导致了业务板块之间信息流通困难，对于市场需求响应速度偏慢，这一点在能源电力企业体现尤为明显。以电力公司为例，其核心业务是安全传输电能，业务专业性较强，公司内部各部门分工明确，且业务与业务之间存在一定区别，条块化明显，这也导致了数字化时代，很多能源电力企业数字化转型艰难，面临诸多体制机制问题，数据共享、数据融合困难。数字化红利是巨大的，企业纷纷推动数字化转型，数据在企业的经营管理和发展中扮演越来越重要的角色，逐渐形成“数据生态”。数据生态更具灵活性，能够黏结企业多种业务形式，更重要的是方便连接业务链上下游，形成上下游协同互动的发展模式，让业务链上企业发展更具活力。

1.4.3 数据技术优化能源企业发展模式

数字化的核心是数据理解和处理能力，数据技术是数据处理的基础保障。当前，以大数据、人工智能、区块链、云计算等技术为代表的数据技术空前活跃，前沿性、革命性技术不断涌现，促进业务融会贯通和产业转型升级，催生出高质量产业生态，将深刻影响产业生态。数字时代，企业间的竞争是数据管理和运用能力的竞争，数据成为企业发展的核心战略资源，而数据技术是数据价值抽取和重塑的基础保证。

数据时代能源电力行业数据呈指数增长，从横向和纵向两个方向快速扩张，逐渐形成一张庞大的数据价值网络。事实上，正是由于数据库、云计算、数据集市等技术和概念的突破，人们对数据的认识和掌控能力不断提升，使数据价值有了更大的发挥空间。对数据认知的不断深入和分析手段的不断丰富，使数据价值依据需求被重塑，与需求更加契合，可更好地为企业用户服务。

一些能源电力企业，有良好的数据采集和管理基础，信息化水平较高，具有一定的数据优势。应该注意的是，数据的优势形成了一种“数据壁垒”，大公司掌握了大量的核心数据，一些规模较小的公司往往数据存储量不足，而且大公司往往信息化程度较高，数据基础设施更丰富、功能更全面，在数据获取和应用方面具有天然优势，这种优势在数据时代将被无限放大。当然，数据给小企业也带来了一些优势，数据相比较石油、煤炭、天然气、电力等能源流通性和可获取性较强，让资源再匹配，这给了小企业入场的机会，竞争更具市场化基因。

在新的发展形势下，能源电力企业面临的经营风险和影响因素不断增多，以人工经验为基础的监测和分析体系对于复杂场景响应速度偏慢，一定程度增加了企业经营风险。数字化推动企业的所有经营生产环节在线，具有全方位感知、网络化链接、一体化融合等特征，依托大数据分析可从更高视角分析运营情况，及时发现存在的问题和风险点，并统筹全局考虑解决方案。尤其是能源产业的上下游企业能量流、信息流、数据流交互频繁，相互之间联系和作用关系紧密，业务之间互动频繁。数字化建立业务环节全连接，提升业务处理的时效性和精准性，以数据促进能源企业之间的交流和协同合作。

数据技术对能源电力企业影响深远，主要表现在：

第一，数据技术提升能源电力企业的业务管理水平。数字技术助力能源电力企业优化运营，从节约运营成本、提升发电及电网效率、减少意外停机、延长设备的使用寿命等方面有效降低运营成本。数据技术可充分利用电网企业丰富的数据资源，发现企业经营管理的规律和薄弱环节，指导业务流程优化和精益化管理。

第二，数据技术正在成为企业的护城河。数字化时代产生了海量异构数据，传统统计学方法往往只能“按部就班”分析低维度结构化数据，对于高维度、非结构化、半结构化数据往往无从下手，而现代企业运营管理产生的数据中有相当比例的半结构化和非结构化数据，用传统方法进行分析显然会造成极大的价值浪费。深度学习、自然语言处理、强化学习等技术的发展进步为解决异构数据价值挖掘和重塑问题提供了很好解决方案。更为重要的是，数据技术与企业业务深度融合，形成数据技术在企业应用的特色方案，让技术服务业务，从而逐渐形成企业的技术护城河，为企业发展保驾护航。

第三，数据技术成为能源企业数字化转型的核心动力。数据技术是数据价值发挥的基础保障，更好的数据分析掌控能力是数字化的重要基础。数据将能源产业向下游连接，以数据驱动方式实现业务运营管理，使能源电力企业业务和管理逐渐向数据化、智能化、人性化转变。在数据技术的保障和驱动下，企业业务向多元化发展。

案例：通用电气数字风场提升效率

通用电气的数字风电场是一个适应性强的风能生态系统，该系统将涡轮机与风能行业的数字基础设施相结合。通用电气之前的解决方案——风力发电技术，技术组件已经安装在4000台机组中，并将涡轮效率提高了5%，这意味着每台涡轮的盈利能力提高了20%。新的数字风电场技术承诺将提高20%的效率，这将为能源行业带来高达500亿美元的价值。

案例：数字化推动石油行业发展转型

在石油的勘探、精炼、分销过程中会产生海量数据，而这些数据并未得到充分采集与分析。随着收入缩减，面临重重压力的石油企业管理层越来越需要通过大数据发掘价值信息，指导运营与投资决策。除了改善盈利能力，石油公司管理者也从墨西哥湾漏油事故中汲取教训，明白数据信息也有助于在削减成本的同时改善运营安全。业界已经认识到，数字技术是帮助石油业实现业务目标的重要措施。

石油和天然气公司管理层正在寻求新的途径提高效率，优化能源的勘探、生产与分销过程。但石油工业的供应链漫长而复杂，如何保持所有人员和设备实时在线是一项艰巨挑战。业界已经认识到，数字技术是帮助石油业实现业务目标的重要措施。油气行业正力图将复杂流程简单化、自动化，使运营更智能。为此，管理层正在为油井的操作人员配备移动通信网络，沿供应链部署工业物联网（IIoT）和视频监控技术。这些举措为建立企业内部网络、实现自动化生产、在整个网络中收集并共享信息奠定了基础。例如，将钻井等高成本、重复性活动自动化，有助于提高效率、降低成本。将多处油井的传感器连接在一起，可以收集压力和流量等数据，并发送至中央系统进行处理和控制。远程操作员可以查看现场状况及操作设备，减少人员前往现场的成本，同时提高响应速度。此外，实时监控还有助于减少管道损伤与油气盗窃事件。

1.5 本章小结

本章阐述了能源革命与数字革命的关系，分析了数字化对能源电力行业的推动作用，并从行业到企业不同维度分析了数字化带来的变革。

第一，能源革命和数字革命融合并进，共同驱动能源电力企业发展转型。能源革命正在改变着能源行业，能源生产消费方式、能源服务模式、能源生产关系等都在发生着改变。数字革命正在推动着人类认知模式和解决问题方式的改变，深刻地影响着人类的生活方式。对于能源行业，数字革命推动能源高质量发展，促进能源更高效生产、更合理分配、更清洁消费，推动能源产业转型升级。

第二，数字化激活能源电力企业服务属性，服务类型和能源品类进一步丰富。由于能源电力产品的特殊性，以往能源电力企业往往忽略了服务环节。伴随着数字化的进程，互联网思维逐渐被许多企业接受，并运用到企业业务和管理过程中，用户体验成为企业追求的目标，也是决定企业效益的重要因素。从用户层面，数字化使企业能够更及时、准确地掌握客户需求，从而支撑企业提供高质量服务。从企业层面，数字化使企业业务环节灵活高效，加速产品迭代速度，及时满足用户和市场需求。事实上，数字化推动了用户与产品的互动，让产品更有市场，使用户需求得到更好满足。

第三，数字化推动能源产业共建共创共赢，推动能源电力企业创新发展。数字化促进能源电力企业数据共享、融合，实现了不同企业之间的价值连接，进一步丰富单个企业的资源类型，促进生源生态建设，使整个行业共同发展，让企业更好、更快地适应市场。数字化可促进能源电力企业拓宽视野，让企业更具发展眼光，激发企业创新活力，让企业发展紧跟时代步伐，不断迭代优化企业发展模式。

第四，数字技术仍然是能源电力企业数字化转型的核心驱动力。数字化是数据运用能力的集中体现，数据技术能力是数据运营能力的根本保证。近年来，伴随着计算机算力和基础数学理论的进步，数据技术发展迅猛，对于数据运用的支撑能力不断增强。数据技术让企业有了在数字时代立足的“本钱”，引领新的数据价值创造模式。

2

管理变革：数据支撑能源企业管理提升

数字技术的发展为企业的运营管理注入了活力，也对企业的生产运营管理产生了颠覆式的冲击，越来越多的管理者认识到了数字经济发展所创造的巨大机遇。在经历了大规模信息系统构建、人工智能等新兴技术储备等一系列应对数字化转型的举措后，企业越来越意识到，数字化转型是循序渐进的长期变革过程，只有贯穿于企业战略、组织、运营的各个环节，才能使其落地并创造价值。

根据埃森哲[1] 2018 年发布的《创新驱动，高质量发展——埃森哲中国企业数字化转型指数》报告，目前只有 7%的中国企业数字化转型成效显著，这样的领军企业在智能化运营和数字化创新方面表现优秀。在智能化运营方面，转型领军企业利用数字技术提升自身的制造与生产能力，获得更加敏捷智慧的后台支持，从而达到了降本增效的效果，强化了当前的核心业务。

本章着重探讨数字化转型下，企业的管理模式、管理组织和管理手段发生了哪些变化，进而洞察企业的管理范式从刚性管理向柔性管理、从物的管理向人的管理、从自上而下向自下而上转变的趋势。

2.1 建立敏捷、协同、高效的企业管理模式

传统企业的管理模式，尤其是大型企业，都有严明的管理机制和方法，通过标准化、流程化的手段来提到企业的生产效率。但在数字经济时代，快速变化的市场需求以及迭代更替的技术手段，要求企业从经验驱动向数据驱动转变，敏捷响应市场变化；要从相互独立向协同发展转变，建立与数字创新相适应的运营流程；要从依赖人力和等级管理向依赖数据转变，实现业务管控效率和效益的提升。

[1] 埃森哲（Accenture）是全球最大的管理咨询、信息技术和业务流程外包的服务提供商。

2.1.1 以数据为动力实现敏捷创新

当前，企业发展所处的内外部环境变化多样，市场和用户的需求也处于不断的变化之中，在5G、人工智能、物联网、边缘计算等全新技术不断涌现的当下，如何进一步构建敏捷研发体系，加快迭代交付速度，灵活响应市场变化，塑造更好的用户体验，同时节约IT建设投入，成为企业需要进行思考与探索的一些重要方面。拥有敏捷创新能力的企业，能够建立一个快速转变创新模型，对客户的需求进行快而有效的发掘，通过不断转型抓住各种机会。企业的敏捷创新能力决定了其在市场上可持续发展的活力，以及加速盈利的潜力。

（1）实现敏捷创新需要构建高效灵活的数字基础设施。企业要顺应时代的发展要求，做到及时的服务交付，创造满足用户预期的体验，同时还要满足企业成本管控和可持续发展的要求，就需要不断打破传统的固化思维，在制度、文化等上层建筑的变革之下，通过构建敏捷的IT研发体系、数据平台等数字基础设施，实现基于数字化业务的数据价值挖掘。

案例：多氟多"5+1"平台战略，支撑企业数字化转型

多氟多化工股份有限公司（简称多氟多）是一家注重技术创新和管理创新的企业。多氟多搭建了"5+1"平台支持数字化转型。2016年6月，基础终端电脑全部使用虚拟桌面系统，开启了后PC时代的创新实践；2017年11月，多氟多投资数千万美金建设了依托华为机房技术的HANA内存计算大数据中心。在IT基础设施平台之上，多氟多搭建了智能制造平台、经营管理平台、供应链协作平台、协同办公平台和商务智能平台5大平台。其中IT基础设施平台是多氟多"5+1"平台最重要的是基础设施平台，包括大数据中心、网络通信、服务器与软件和信息安全等；经营管理平台打通员工以及供应商、客户、税务、银行等外部信息渠道；智能制造平台于2018年9月又启动了化工智能制造车间的改造项目；供应链协作平台是多氟多打造的第一版供应商关系管理平台，实现招采业务在平台上顺利进行；协同办公平台主要服务于内部员工办公，提升办公效率；商务智能平台是多氟多的决策支持平台，包括报表平台、数据仓库、企业驾驶舱、数据挖掘分析和企业绩效管理。

（2）实现敏捷创新需要从企业的整体生产环节入手。数字化转型的核心在于“变”，面对这种永不停息且难以预测的“变”时，企业需要将更多注意力投向“速度”和“灵活性”。而面向数字化转型，企业需要重新梳理业务生产的各个环节，找到与用户响应紧密相关、能够显著提升效率的关键环节，利用先进技术和理念进行改造，实现关键环节的作用发挥，为企业应对市场变化打好基础。

案例：金风科技荣登“数字化转型新范式”TOP50榜单

作为国内成立最早、自主研发能力最强的风电设备研发及制造企业之一，金风科技很早就确立了风电整体解决方案提供商的战略定位，现在已经占到中国风电行业将近30%的市场份额。风电行业面临的并网困难、电价较高、弃风限电等诸多问题对企业开展数字化转型提出了迫切要求。自2015年起，金风科技开始实施数字化转型工程，应对风电行业发展的挑战，积极拓展新业务，实现转型创新。目前，金风科技已建立先进的数字化平台，借助数字化平台构建了金风数字化风电场整体解决方案。该方案融合了物联网、云计算、大数据、人工智能等先进技术，为风电场的宏观选址、精细化测风、风资源评估、风电场规划与设计、建设管理、资产管理与优化等各个环节提供数字化支撑服务。

（3）实现敏捷创新需要加速产品的迭代和应用。互联网时代企业的发展，已经难以依靠单一产品类型、冗长生产流程、复杂的生产工艺来维持，需要尽快地根据用户需求进行迭代创新。当前的消费互联网发展，为互联网企业提供了良好的发展机遇，也正是互联网企业灵活、快捷的产品交付方式满足了用户对产品新颖性、服务性、个性化的要求。传统企业由于业务庞杂，因此需要加强对产品长期发展趋势的判断，并在关键环节进行前期投入，因此发挥深耕专业领域的经验优势，同时结合数字技术团队的快速响应能力，提升产品长期发展的竞争力。

案例：博世集团数字化转型推进的敏捷模式

作为百年之前从火花塞起家的全球大型工业技术巨头，博世集团在制定战略时强调对长期趋势的预判，并通过前瞻性的投入与技术研发来提前拥抱趋势。为支持面向物联网时代的转型方向，博世集团推进了“3S”的数字化战略，即传感器（Sensors）＋软件（Software）＋服务（Services）。“敏捷转型”是博世遵循的重要原则，以最先推进数字化转型的家电板块为例，博世用敏捷模式实现数字化功能与服务推出、测试和迭代的快速循环，并围绕关键数字化功能和服务组成数字化团队和传统产品设计团队的联合项目团队，以确保跨职能协同的敏捷高效。这些“敏捷转型”的典型要素让博世的家电板块在行业数字化浪潮中能够占得先机。

随着越来越多的企业开始采用数字化技术提供更加个性化的服务体验，开发能力建设对于企业的未来核心竞争力的构筑更显关键。对于传统行业企业而言，敏捷模式还能够更好地支持数字化转型相关的变革沟通，在敏捷模式下，分阶段快速获得的早期转型成果能够为整个组织树立信心，从而获得各利益相关方的支持。唯有真正紧跟行业与技术发展趋势，及时提供创新应用的企业，才有机会在未来的数字世界获得引领行业的机遇。

2.1.2 以数据为基础推动管理协同

互联网开放、互联、平等的特性，使得企业数字化转型必须要改变传统的管理方式。各自为政、壁垒丛生的企业内部生态已经不能适应数字化转型的要求，需要建立有效沟通和互为合作的有效模式。依托互联网技术能够有效提升沟通效率；依托信息的充分共享能够确保跨部门衔接的顺畅性；依托科学的分析方法能够使跨部门事务得到合理的解决；依托对关键资源的管理，可打破原有的专业壁垒，形成纵向专业管理、横向资源管理的网络协同化的管理模式。

（1）通过数据整合打通系统间的信息壁垒。通过数据层面、应用系统、用户界面、业务流程的全面集成，将企业的业务流程、公共数据、应用软件、硬件和各种标准联合起来，在不同业务系统之间实现无缝集成，使它们像一个整体一样进行业务处理和信息共享。运用大数据分析技术，对企业行政办公和经营管理的数据进行分析和处理，形成分析报告，用数据说话，支撑传统企业经营管理，为业务决策提供客观、理性的依据。

案例：日照供电公司依托智能数据管理平台，实现智慧运营协同管理

为提高运营协同管理工作效率，国网山东电力公司日照供电公司以基础数据作为关键点，狠抓数据准确性，利用数据监测分析的优势，对运营协同管理中所需数据进行梳理，确定数据来源和数据获取方法。并运用数据库、表格编程和 tableau 工具等手段，挖掘数据价值和关联性，自动形成流程执行效率、业务发展趋势、同环比变化等维度的分析成果，用于协同专业部门提升管理成效。

通过实施智慧运营协同管理，日照供电公司在运营协同管理工作中取得了明显成效。一是异动问题管理实现全过程闭环管控，工单反馈率连续实现100%；二是督促各业务部门全面开放共享数据，开通37个专业的管理信息系统查询权限；三是定期参加公司专业会议，发布相关监测数据，不定期召开运营专家会商协调会，开展诊断分析，提出整改意见18条，为各部门提供跨专业视角看问题、提建议、促管理的途径。

(2) 数字化的管理手段能够在保留原有专业部门和层级状态下管理优势的同时，有效缓解层级部门之间的摩擦力。数字技术的发展使得信息沟通交流的时间成本、经济成本均下降。在数据共享、资源互换的信息化时代，传统企业管理人员能够利用大数据技术，找到效率低下和存在风险的业务环节，不断优化管理流程；企业相关人员通过学习和利用相关技术改进业务、创新业务，可以不断培养利用大数据解决问题的思维方式，提高专业技能，提升办公效率。

(3) 业务部门与数字技术团队的紧密合作，是推动企业高效协同运转的关键。企业在积极进行数据治理、数据资产管理、数据价值挖掘的同时，要充分考虑业务的创新需求。这一部分需求与市场和用户关联最为紧密，也能够满足提升工作效率、优化流程的要求。数据技术部门和业务部门不能相互独立，更不能因为业务视角不同而产生矛盾，而是要充分紧密配合。数据技术部门要充分理解业务部门，业务部门也要不断建立数据思维和数据能力，才能最大化地发挥数据价值，推动企业的数字化转型。

案例：建设银行创新工作机制，探索数据与业务深度融合

建设银行为推动数据成果共享、部门之间协同管理，采用了多种手段。一是建立企业级数据应用平台，支持自主定制数据模板，通过应用商店的数据分享功能，将先进数据应用成果在全银行快速共享，使得“单点创新、全行受益”有了系统层面的有力保障。二是依托大数据平台，配合

总行相关业务条线积极做好在全银行范围内的复制推广工作。三是在全银行层面组织高级研修班、数据应用培训班、研讨会等，促进数据应用经验交流。目前建设银行数据管理部门服务总部 31 个部门、37 家分行和 4 家分公司，实施了“1000＋大数据”应用项目。通过部门之间的协作、共享，推动企业数据产生更大价值。

越来越多的企业正以数据为基础推动内外管理协同，提高工作效率。谷歌通过简单的小程序共享员工的日程表，提升了员工之间的沟通效率；阿里巴巴建立即时通信软件，使员工沟通方法更加多元。各类数字技术使得企业内外部沟通交流的敏捷度和便捷度越来越高，未来随着数字化程度的不断加深，企业内部跨业务、跨部门沟通的能力将会进一步加强，流程链条也将进一步压缩，员工开展工作的效率也将得到更大的提升。

2.1.3 以数据为抓手优化业务管控

随着互联网和物联网的迅猛发展，人与人、人与物、物与物的互联互通得以实现，数据量呈现指数型增长，基于数据的新产品、新模式、新体验不断涌现。数据成为企业最重要的资产，信息和如何使用信息是成功的关键。通过建立数字化管理流程，可实现各个环节的透明可控、有效衔接，也将管理中的问题尽可能地暴露出来，使得管理流程进一步优化，企业运营效率进一步提高。

(1) 利用数字技术取代以经验判断和人工操作为主的业务流程。对于传统企业，尤其是生产型企业，为了确保企业生产安全可靠，需要依赖人力进行实时监测及管理。一些生产流程也不能完全依赖自动化，而需要人工进行决策、调度、下发指令等。这样的形式一方面存在着安全隐患，效率较低，另一方面也是对人力资源的浪费。利用数字技术对企业生产运营环节的系统数据进行分析，能够更直观地得到实时的运行状态；也能够根据积累的大量系统数据，对常规故障情况、典型操作场景做出判断；进而利用人工智能、深度学习等算法，实现设备的自我学习、自我决策，显著提升企业的生产运行效率，提高生产质量。

案例：新奥余杭泛能站依靠数字化能源管理系统提高运营效率

浙江省最大的泛能项目，也是新奥首个以泛能模式替代大型园区燃煤热电厂煤改气的项目的综合能源供应站——余杭泛能站依靠数字化能源管理系统，助推设备运行实现自动化，改变常规依靠人工频繁操作来调整能源设备出力的运行方式，从而实现对设备的精准和及时管控，避免了频繁启停造成的能效损耗和设备寿命折损。通过泛能网平台查看数据，可以直观获得每天的用气、用水、用电量和蒸汽量数据，精确判断能效损耗，为优化运行提供了依据。同时实现对设备的实时监控和告警，可使企业能够及时进行设备运维保养，避免设备故障。数据分析也能指导优化锅炉的运行策略，提高运营效率。

案例：壳牌公司利用数据分析显著降低油田开采成本

荷兰壳牌石油公司作为全球五大石油巨头之一，在大数据分析与应用领域走在了行业的前列。壳牌公司将大数据技术作为业务发展的重要支撑，结合移动互联网和物联网技术，大力发展“智能油田”，更精准地判断井位，降低钻井事故率，降低勘探、集输、炼化和销售各板块的成本，非常规油气的勘探也越来越精准。壳牌在阿根廷瓦卡姆尔塔油田开采项目中，依托数字化手段开展了“虚拟钻井”，身在加拿大卡尔加里的工程师可通过实时数据回传来远程控制钻探的速度和压力，将开采成本由前几年的1500万美元下降到目前的540万美元。

（2）利用数字技术优化业务管控，需要结合业务发展目标和管控系统功能规划两种思路。传统能源电力企业如何充分利用先进的数字智能技术，在原有业务基础上进行创新、改造、升级，提高企业的生产效率，拓展企业的业务领域，增强企业的发展竞争力成为重要命题。传统的数字化业务管控系统的功能规划一般是自下而上的，是根据一个一个业务链条进行的横向关联与集成。而对于制造执行结果目标和指标的功能规划梳理，相当于是自上而下的纵向集成与关联。只有这两种形式综合作用下的功能规划结果，才具有完备性，才能够有效地支撑数字化业务管控系统执行结果的可视化展示。

案例：东方国信利用炼铁大数据锅炉改造实现传统工业智能化转型

东方国信作为传统的钢铁行业，先行一步将传感器、大数据、机理模型、数据科学、物联网等技术深度融合，应用于传统制造业，打造高炉“数字双胞胎”，改变了传统炼钢高炉“黑箱”“不可控”的状态，将传统依靠工人经验进行状态判断转变为依靠数据进行分析，提高工厂透明化、数字化、标准化、智能化生产水平。同时，总结工业专家多年积累的知识、经验、技术，构建海量工业机理模型，实现了工业技术软件化，推动工业知识的传承、复用以及创新，最终打造了炼铁大数据云平台。东方国信目前已完成国内260座高炉的数字化和智能化落地，并推动炼铁大数据平台在俄罗斯、越南、伊朗、印尼等“一带一路”国家钢铁企业中应用，单座高炉年降本增效超2400万元/年，实现了大数据、机理模型、人工智能和传统制造业的深度融合，是智能＋工业的典型应用。

企业利用数字化优化业务管控，核心目的是将原先黑盒子式的制造执行过程实现透明化，在决策的时候对执行状态进行准确和量化的把握。这样的改造也能使得企业的管理者能够依据更科学的数据分析对企业生产情况进行宏观掌握，运维操作人员也能够更精准、更便捷、更安全地实施操作。

2.2 构建以人为本的企业管理组织

数字化时代，传统的组织结构已经无法适用，过去大行其道一百年的科层组织模式已经逐渐退出历史舞台，取而代之的是适应数字企业的全新分工和协作模式，通过自我组织和自我适应，极大地激发人的创造能力，释放企业的创新空间。未来的企业组织将呈现以下特点：驱动从来自上级的指令转向数字化驱动；组织结构从金字塔式、科层制向扁平化、网络化转变；生产方式从集中化、规模化、标准化向平台化的分布式、创客化转变。

如果说以往的转型是从战略转型、业务转型开始，那数字化转型则要先从组织开始。然而，全球领先的数字化转型市场研究企业国际数据公司（IDC）[1]提出了数字化转型第一定律，即技术变化快，但是组织变化却慢得多。技术系统主要根据指令运行，技术组件也是按照设定好的程序运行，但是人类系统则完全不同，编辑一个软件或是替换某个原件都相对容易，改变一个人和推动一个组织转型则复杂困难得多。

2.2.1 打造共享服务型组织架构

（1）组织架构转型是数字化转型推动组织变革的基础。传统的组织架构以金字塔状的层架组织为代表，各级之间分工明确、权责清晰，但是等级制度森严，后续衍生出的以矩阵式为代表的组织架构，实现了根据业务需要横向调配资源，但仍没有完全避免金字塔式的层层审批和汇报的制度。这类组织架构结构严谨，但是缺乏灵活性，与数字化所要求的敏捷组织架构相去甚远。数字化时代来自用户、市场、行业的信息多元，企业为了进行及时、真实、

[1] 国际数据公司（IDC）是信息技术、电信行业和消费科技市场咨询、顾问和活动服务专业提供商，经常发布市场资讯、预测和资深分析师关于业内热点话题的观点性文章。

有效地传达，以及匹配相应的资源，需要纵向上缩减层级，横向上消除部门界限，集成服务职能。因此，未来的组织架构需要从职能划分型向共享服务型转变。

通过对全球企业的研究，IDC 提出了适合数字化转型不同阶段的四种组织架构（见图 2-1），主要区别在于数字化部门在整体组织架构中的存在形式和地位。第一阶段是数字化转型特别项目组，此时可能以虚拟组织的形式存在，主要目的是规划企业数字化转型的使命和愿景。第二阶段是数字化转型办公室，此时可以是个实体部门，主要目标是成立治理结构，确定企业数字化转型的优先次序。第三阶段是嵌入式数字业务组，通过嵌入到不同的业务部门，实时覆盖企业整体范围的数字化转型。第四阶段是独立的数字化业务单元，此阶段已经属于高级阶段，主要任务是通过优化创新创造颠覆性的产品服务或是商业模式。

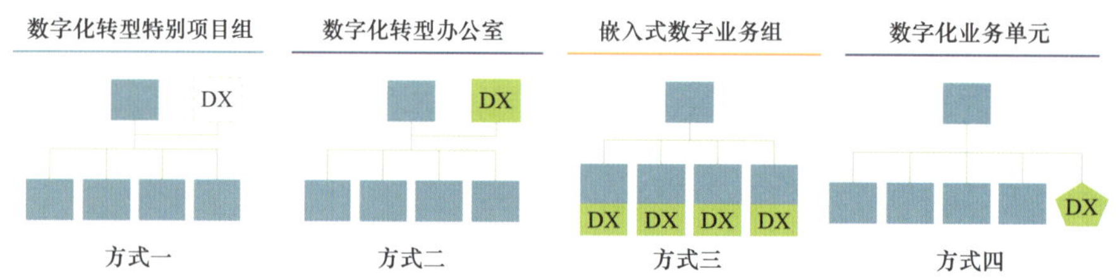

图 2-1 支持数字化转型的四种企业组织架构

案例：施耐德电气创立全球解决方案事业部（SGS），整合资源，为客户提供一站式解决方案

施耐德电气之前按照产品来划分不同的事业部，如低压事业部、中压事业部、工业事业部、数据中心事业部等，公司内部的财务、体系、流程等都是以产品事业部为导向，在这种情况下，如果客户需要多种产品，则需要与施耐德电气内部各个事业部进行联系，导致流程烦琐、浪费时间，

招致客户不满，因此，以产品线来划分的组织架构受到了挑战。

互联网与产业的边界日益模糊，并不断进行深度融合，这为施耐德电气进行数字化转型创造良好条件。因此，为了更好地服务客户，也为了施耐德电气自身发展的需要，施耐德电气成立了一个全新的部门——全球解决方案事业部（SGS）。该部门的人员均是从其他各部门抽调而来，致力于凭借“产品＋软件＋服务”的业务模式更好地服务于最终用户的需求。SGS包含石油、石化行业、食品饮料、矿山建材、水和废水处理、交通、智慧城市、新能源（包括水电和核电）等多个行业。SGS进入行业发展纵深处，与其他业务部门共享信息资源，协助、服务其他业务部门对整个行业的现状、痛点以及未来趋势进行深入了解，进而更好地了解客户需求，并且将不同的产品应用、软件和服务进行整合，打包为一套解决方案提供给客户。

（2）企业在不同的数字化转型的阶段，组织架构转型所采用的形式也有所不同，但都无法回避数字化发展带来的机遇和挑战。成立全球解决方案事业部，更好助力各业务部门服务于客户需求，将科技能力嵌入组织运营的每个环节，施耐德电气在数字化转型的道路上已经走在了前面，向形成数字化组织方向发展。但是，企业数字化转型所处的阶段不同，在组织架构转型上也有所差别。在数字化转型初期的企业，应用数字化手段打通部门之间的壁垒，进而实现从硬到软的一体化协同。但相似的是，这种改革或是受到外部发展形势的冲击，或是基于内部发展的需要，进而在数字化的机遇下推动进行。

（3）数字化转型过程中，企业的组织体系调整也会面临风险和困境。肩负着用数字化能力武装业务部门、达成企业战略目标重要使命的数字化部门，往往存在与其他传统业务部门之间的协作问题。因为数字化能力不是单独存在的，是贯穿于所有的流程和环节的，相应的，数字化部门的责任也应该是贯穿于传统业务部门的每个环节，而不是从形式上的新建部门，职责和使命的特殊则要求站在企业高度去设置，否则易于偏离长期战略目标，进而被现有组织扼杀在摇篮之中。

案例：数字化部门（GE Digital）失败，数字化转型“标杆企业”GE公司面临组织架构调整的新挑战

从工业物联网到平台经济，从数字主线到数字孪生，制造业巨头通用电气公司（GE）的数字化转型之路像一本教科书，为大多数公司的数字化转型提供了参考借鉴。然而，GE转型过程中也同样面临各种困境，未能解决好数字化部门与传统业务部门之间的竖井问题。

2011年，GE在加利福尼亚的圣拉蒙市成立了软件中心，在4年后，该软件中心更名为数字化部门GE Digital，整合公司内所有的数字化职能，并一度扩张到1500名员工。GE希望借助GE Digital实现数字化转型，并计划于2020年成为“排名前十的软件公司”，数字化业务的营收达到150亿美元。GE Digital虽然定位为数字化转型的引擎部门，但实际上GE给GE Digital制定了盈利指标，并且需要每个季度汇报营业收入和亏损情况，导致其将业务目标集中在了短期收入上，主要来源于为其他业务部门提供技术支持及第三方业务合作，而没有集中于数字化创新或是数字化和业务部门的融合上。因此，传统的企业管理方法，在面对现代的数字化创新上，遭遇了尴尬的失败。

在数字化转型的过程中，面临组织架构调整挑战的不仅只有GE，在电子商务发展的过程中也出现过企业由于组织架构调整的不当，而导致企业转型失败的案例。因此，在企业组织转型的漫长道路上，对于组织架构的选择，要综合考虑组织发展阶段、市场环境和前景等因素，并结合发展形势进行不断地调

整，才能为组织提供长久和高效的发展活力。

2.2.2 建立柔性灵活的工作机制

(1) 组织架构的变革伴随着工作机制的调整，从传统的强烈依赖于自上而下的组织机制向自我迭代、自我优化的组织机制转变。组织内的每个人不再受流程驱动被动执行，而是转变为拥有独立动力和自我驱动力，相应地，个人的角色也从相对固定的分工逐步向一专多能方向发展，可以参与和承担各种可能的角色。打造柔性灵活团队，已经成为了企业进行数字化转型的必由选择，在柔性灵活的工作氛围下，更为敏捷和自由的工作方式可以充分释放人力资源的创新潜能。

案例：意大利电力公司建立灵活、快速组织

2016 年意大利国家电力公司（Enel）成立了 EnelX 公司（意电综合能源服务公司），面向工商业客户、交通、城市和家庭四类用户提供数字化产品和各类增值服务。基于 Enel 矩阵式管理架构，EnelX 公司成立之初即面临两种完全不同的组织模式：4 条全球产品线是流程驱动的模式，即开发服务方案、制定商业策略和推广实施，而在各区不同国家具体业务的开展则是面向客户细分市场的驱动模式，即开展本地化营销、运行维护和商业化运作。经过 1 年多的实践，EnelX 公司意识到需要实现快速灵活的工作方式，以便及时响应客户需求、适应不断变化的外部环境条件。为此，EnelX 公司利用数字技术深入调查各模式当地市场适用程度，以智能化管理的思想，实施“端到端”的具体服务方案。

(2) 数字技术与金融的融合发展为金融行业产生更丰富的业态和运营模式创造了条件。互联网、云计算的应用可以提升银行基础设施与技术，让金融服务“可得”；人工智能技术可以降低金融机构人力资本，并实现对客户的精准定位和快速触达，让金融机构更“智慧”；大数据技术可以重塑传统金融信用信息服务模式，让金融风险更“可控”。同时，客户不再满足于传统的金融服务，以客户体验为中心，以定制化、便捷化、全渠道为特征的金融产品和金融服务成为发展趋势。因此，传统金融企业需寻求与金融科技公司的深入合作，发起内部组织变革，在竞争格局中占据优势地位。

众多的银行数字化转型实践经验表明，银行的数字化转型是一项浩大的工程，需要打破现有的组织架构和体制机制方面的桎梏，克服传统银行机构存在的大企业病，根据自身的规模、客户群、业务重点、地域、资源整合等方面的能力，在组织、流程、文化、人员等方面实现变革。这样的经验也为传统工业的代表——能源电力企业开展数字化转型提供了有效的参考。

2.2.3 培育以人为本的组织文化

数字化关系到技术的应用，但转型一定是关系到人的转型。组织文化虽然看不见、摸不到，但是对组织的影响却非常大，成为很多组织变革失败的根源。不论是组织架构调整还是工作机制调整，都需要有机地融入组织文化中，使其成为组织成员之间自觉遵守的规则。

（1）在数字经济时代，以人为本是基本特征，人的创造创新力是组织变革的根本动力，这也将重构组织和人之间的关系。从工业文明时，就提出了“以人为本”的理念，但是在操作层面上还是把人作为组织发展中的螺丝钉。对于现代企业来说，人是最大的资产，但也是最大的风险，传统的基于控制力的刚性监督模式虽然可以让人服从，但却抑制了人的创新力和降低了人的忠诚度，遵从人性、权力下放、信任授权的模式才是更为有效的管控。另外，数字化技术的应用也成为了推动人性化管理的重要推动力。借助数字化技术，可以更有利于发挥每个人的特长，实现灵活便捷和互补协作，促使全体员工都能创造更大价值，真正实现人性化管理。

案例：建设银行实施“绿树工程”计划，以长效机制促组织文化建设

建设银行为了保证大数据战略的有效落地实施，自上而下建立了完整的组织架构和工作机制。成立了由总行领导挂帅的工作领导决策机构，与新组建的大数据中心一体化协同运作。其中，数据分析中心在全行中发挥着全行实验室、知识库、工具箱和指导者的角色。此外，总行各部门和各分行也设立大数据应用专门岗位，共同推进大数据成果落地。

建设银行加强对数据管理与应用，在对组织架构和工作机制进行完善的同时，认识到人才是进行可持续发展的保障。为了在全行范围内培养大数据理念，从2016年开始，建设银行推行“绿树工程”计划，重点对数据分析和应用方面的人才进行培养，为大数据应用建设一支专业的人才队伍，为全行在技术工具、分析模型构建、数据管理、业务应用方面提供支撑。“绿树工程”又叫大数据人才培养工程，从总行和各分行选拔合适人选到总行的数据分析中心进行学习，以集中授课、项目实践双管齐下的形式，通过边学边干、以干代训的方式，培训骨干人员掌握大数据分析工具和技术方法，实现技能提升。学习结束后回到各分行和部门，带动各业务线条加强对数据的应用水平。“绿树工程”计划通过各单位数据分析人员的大范围参与，不仅可以显著提升数据管理应用成效，同时也将大数据的理念、文化通过这种形式在全行的各级机构中进行广泛传播。

(2) 企业的数字化转型是一场思想上的转型，真正实现数字化深入到业务核心中，需要漫长的过程。建设银行这种通过长效机制的建设来推广“以人为本”的数字化理念是一种较为有效的方式。此外，还可以从员工的办公环境、工作方式入手，通过潜移默化、一点一滴的智能化变革，使员工的日常工作就置身于数字化工作流程中，这也是另外一种企业文化的建设方式。

案例：围绕智能办公战略，富士施乐推行以人为本的数字化转型

富士施乐深刻认识到数字化转型不仅在于技术上的转变，更是组织中的人、工作空间和工作方式的转变。这关系到如何转变团队中成员的传统观念，让数字化在团队中形成统一认知，因此，富士施乐提出了“乐在智变”，推出基于智能工作平台的一系列智能办公解决方案和服务，通过智能工作创新的方式，提高每个人的工作效率，真正建立起以人为本的理念。

富士施乐的智能工作平台具有以下功能特点：

（1）多种途径接入移动终端。员工或是用户可以通过扫描企业微信公众号、企业 APP、支付宝账号等二维码快捷登录，也可以通过传统的刷卡或输入密码的方式登录。

（2）提供多种云平台解决方案。根据企业类型和工作环境，提供公有云、私有云或是混合云服务的解决方案，包括与微软合作。

（3）提供数字化工作流。对大批量集中式文件和少量分布式文件均可进行数字化采集，并且进行分类、索引和分发等全流程数字化管理。

（4）提供企业级的信息安全。企业级用户可以通过用户身份安全认证、全程数据传输、存储加密及安全的云服务确保信息安全。

（5）提供针对性的数字化管理。对不同类型的企业采用不同的有效解决方案，对于不同行业也可以采用行业化的解决方案。

富士施乐利用数字化技术，力求做到智变为人，将“乐”融入场景，打破工作和生活的边界，帮助企业员工改变工作方式，赋予全新的生活体验，使其可以在高效轻松工作的同时享受美好生活。

相比于企业组织架构和工作机制的调整，以人为本的组织文化培养是一个循序渐进的过程，并且较难准确地去衡量成效，但这也是决定企业能否成功转

型为数字化企业的软因素，作用至为重要。因此，企业需要投入较多精力到塑造数字化转型所需要的企业文化。

2.3 数据中台成为企业管理变革的重要手段

“数据中台”由阿里巴巴最先提出，提出的背景是淘宝、天猫、蚂蚁金服、盒马鲜生等不同业务板块每天产生大量有价值的数据，但是都分散在阿里巴巴为数众多的业务系统内，数据无法实现共享。此外，各个业务系统之间还存在着功能和应用等方面的冲突，制约了数据价值的充分挖掘。为了解决这些问题，阿里巴巴开始整合数据资源，打造数据中台，对数据进行统一管理和应用。

数据中台的出现是企业数字化转型进程中的一个标志性事件，标志着数字化转型正在从“流程优先”走向“数据优先”。在信息化时代，数据是流程的副产品，在预先设计好的流程中产生；在数字化时代，流程不断变化（快速迭代甚至消亡），数据成为企业的核心资产和最重要的生产资料，对于数据资产的高效管理影响着企业的活力，也是企业竞争力的集中体现。

2.3.1 推动数据资产有效管理

数据中台既有技术平台、数据模型、数据体系，又有一整套服务体系，不仅可以指导数据资产管理，还可以指导数据更好地为业务需求服务。数据中台强调数据服务，即数据对外的价值输出。数据中台主要解决数据服务的三大问题：一是数据管理，对海量、多元、异构数据统一管理，沉淀形成数据资产；二是数据融合，对企业之间、业务之间通过开放、共享等汇集的数据进行融合，进而建立价值的链接；三是数据应用，数据管理最终是为了服务于应用，通过面向智能的方法和工具，大幅提升数据运用效率，优化数据运用结果。

对企业而言，数据中台促进企业数据资产高效管理，让数据资产发挥更大的价值效用，为业务和管理赋能：

（1）数据中台建立数据资产管理标准，统一数据资产管理流程。数据中台从数据资产管理需求出发进行顶层设计，可实现数据分层、分块管理，更多地将数据与业务相融合，指导数据资产高效管理。数据中台让数据在统一的规则和边界下活动，降低数据与业务的对接成本，提高数据使用效率，畅通数据共享、融合路径，实现数据资产的高效管理。

（2）数据中台连接赋能，让更多的数据融会贯通，提升数据价值。数据中台为多个主体提供连接环境，吸引并连接多个主体到中台活动，多个主体提供链接环境。数据为“连接”赋予了更多的含义，不仅仅是简单的数据连接加和，更重要的是资源的连接，为参与平台企业提供更多的企业所不具备的资源，丰富企业资源宝库，让连接为企业赋能。

（3）数据中台能够提高企业的数据响应和应用能力，加速数据从生成到产生价值的过程。在信息化时代，业务人员通过阅读数据报表发现和获得新的思想、信息和知识，并通过传统的沟通方式来对业务产生影响和指导，数据从生成报表到改变业务行为、产生价值是以周为基本的时间计量单位。在数字化时代，数据中台能够将传统的数据服务从事后管控模式转变为事前评估模式，进而更快地影响和改变业务行为本身。一些企业将数据服务直接嵌入交易系统中，通过观察数据变化就能够实时改变业务流程和应用本身。

2.3.2 实现数据的共享和协作

随着技术的进步，企业对于数据的使用越来越熟练，数据逐渐成为企业经营决策环节不可或缺的要素。数据高效流通、应用成为企业高效运营的重要决定性因素。数据中台介于应用前台和计算后台之间，从业务需求角度出发管理数据，是对数据能力的再提升，目的在于降低技术成本、提升应用效果、创新应用模式。数据中台为企业数据管理和应用提供了综合性支撑，贯穿数据全生命周期。

在数据的管理和应用过程中，许多企业出现了业务之间数据信息流通不畅、数据价值发挥有限、数据应用与业务需求脱节等问题。这些问题一方面是由于对数据科学的理解不到位，未能掌握数据应用的核心要义，数据价值未能充分支撑业务需求；另一方面是由于前后台之间数据贯通不畅，数据不能及时送达需求一线，数据用管脱节。对于能源电力企业，多数采用集中式管理，对于数据应用仍处于初级探索阶段。企业级数据应用较为零散，难以形成集团、规模优势，缺乏体系化的数据应用指导。具体来说，按照业务、管理、技术三个维度，前端与后台普遍存在的问题如图 2-2 所示。

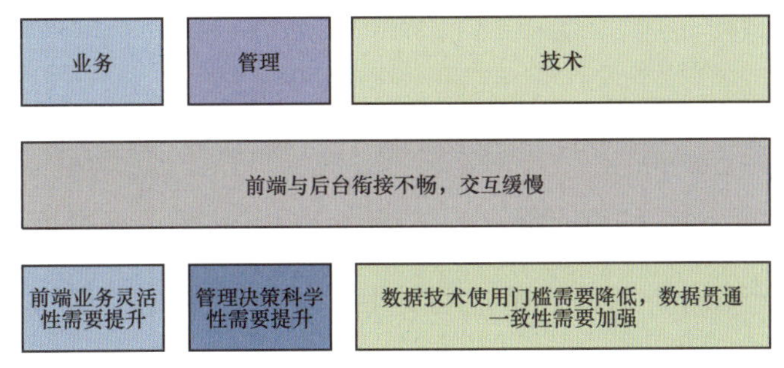

图 2-2　数字化应用中前端与后台存在的衔接问题

(1) 前端业务灵活性不足。许多公司业务灵活性不够，对市场需求反映能力较弱。业务之间缺少统一指挥，业务流程衔接不畅，阻碍创新，难以抢占市场先机。

(2) 管理决策科学性有待提升。企业的数据管理无统一标准，数据多在后台系统存储应用，难以及时推送到前台需要的环节，后台决策无法及时传输到前台，导致决策与问题脱节。

(3) 数据贯通一致性需要加强。能源工业的发展使得能源数据量呈指数级增长，数据类型种类繁多，应用需求和管理要求各不相同。许多能源公司存在业务系统功能、应用复杂和跨专业分析功能欠缺等问题。能源企业业务之间数据交互的灵活性不足，难以支撑运行生产和客户服务对数据实时性的要求。

数据中台是解决这一系列问题的可行方案。数据中台与大数据平台有一定区别：广义的大数据平台分为大数据采集平台、大数据治理平台、大数据可视化分析平台、大数据服务平台、大数据运营平台；**数据中台则是强调数据服务业务，**包含大数据平台的功能，但更突出的是数据驱动业务。实际上，**数据中台实现了数据的分层与水平解耦，从横向、纵向两个方向打通数据价值通道，沉淀公共数据能力，为数据管理和应用赋能**。企业的数据中台是跨域的，能够通过共享数据资产目录的方式，让利益相关者、价值创造者知道公司有哪些类别的数据、包含什么属性、源数据由谁管理，从而实现对数据价值的共同开发和有效协作。

案例：华为数据中台促进业务

华为数字化中台主要发挥数据分析的技术集成共享等作用，目的是以企业 ERP 和数据湖为基础，通过搭建技术共享的平台，为前台提供有力的技术支撑，促进应用创新和业务创新。

华为构建的数字化中台是一个技术性的概念，不存在实体的部门，它是一种数据分析技术的集成和共享。华为通过技术中台促进企业业务创新。为避免开发资源浪费，华为搭建了技术上的“前台、中台、后台”三层架构。后台包含企业的数据湖、数据分析及管理平台，利用自助分析工具保障数据同源、完整和一致。前台则对接着消费者、客户、员工、合作伙伴和供应商，是构建华为全连接发展战略的保障。中台结合前台的需求，集成云计算、大数据、物联网、人工智能等新技术，形成业务类、数据分析类、办公协同类三大类服务，通过开放 API 端口，促进 IT 产品间的能力开放和互联互通，实现高价值服务。

数据中台对数据的管理和应用可以分为数据基础平台、数据模型和数据服务三个方面，如图 2-3 所示。从数据基础平台层面，这是数据中台的底层，也是数据融会贯通的关键环节。数据开发层为企业提供了不同场景的数据价值塑造能力，可根据实际需求定制化开发数据产品，让数据管理和应用更具灵活性。在数据模型层面，基础模型一般是关系数据库模型，主要实现数据标准化；融合模型一般是维度模型，主要实现跨越数据的整合，通过关联、解析、数据挖掘等模式变换数据形式和结构，提升数据可用性。在数据服务层面，主要面向客户服务，为具体数据应用提供统一的数据访问接口，允许开发者简单接入并访问服务，有效实现数据间的数据交换和互联互通，以需求为导向调整数据价值发挥路径，最终以数据产品形式输出数据价值。

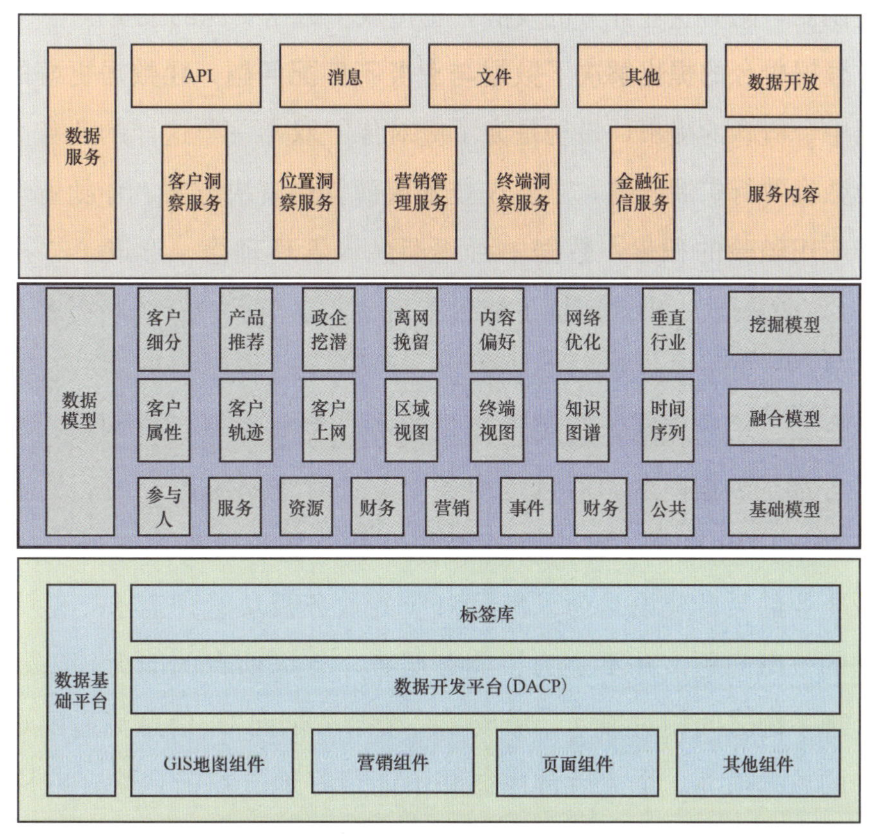

图 2-3　数据中台数据分类

数据中台从全局视角服务企业运营管理，打破业务之间的专业壁垒，促进企业与企业、业务与业务之间的数据贯通，共享数据红利，已经成为越来越多数字化企业的选择。

2.3.3 助力业务价值挖掘和分析

在信息化的初级阶段，也就是企业早期建设数据仓库时期，信息系统建设往往随着业务变迁而不断“推倒重来”，目的是更好地适应业务需求。在此模式下，由于企业的业务转型、战略升级、负责人员的流动变化等情况，底层数据平台一直在持续变动，这给平台的传承带来了一定的困难。事实上，即便技术发展到今天，传统的信息系统建设思维仍然存在，给数据传递和信息传播带来了一定困难，阻碍企业业务的发展，也造成了数据资源的浪费。

(1) 数据中台的提出解决了数据与业务不匹配问题，让数据更好的支撑业务。数据中台概念的提出，最初是为了应对像“双十一”这样的业务高峰，应对大规模数据并行扩展问题，主要在技术层面提供解决方案。伴随着理念的不断进步和应用经验的积累，数据中台逐渐融入管理理念，形成了“技术＋管理”的中台应用模式。中台链接了前台和后台，是前后台资源和需求匹配的重要枢纽环节。

前台主要与用户交互，为用户提供服务，例如企业门户网站、APP、微信公众号等都是数据前台。后台是由各个业务管理系统组成的后端平台，例如财务系统、ERP 系统、客户管理系统、仓库物流管理系统等。通常情况下，多数企业的后台建设是为了满足对应的业务板块管理需求，是为了解决企业管理的效率问题，并不是为了业务服务，支撑前台的能力较差。后台中的各个管理系统之间相对独立，形成了一个个“烟囱”，信息流通困难，形成了一个个的数据孤岛。企业后台往往并不能很好地支撑前台快速响应前台用户需求，而中台解决的就是这个问题。**中台链接后台资源和前台需求**：对于前台来说，将前台系统中通用的业务或者能力下沉到中台，恢复前台对于用户需求的敏捷度，创新更多的微应用、微服务；对于后台来说，将后台系统中变化频繁的业务或者系统上提到中台，赋予这些业务更强的灵活度和更低的运营管理成本，从而为前台提供更加强大的“炮火支援”。总的来说，数据中台疏解前台、后台的非必备业务，更加高效地匹配资源，让资源更多地在中台运转，高效匹配前台需求，支撑前台的敏捷创新，提高后台的运作效率，降低后台运营管理成本。

案例：阿里巴巴数据中台促进业务发展

阿里巴巴的数字化中台将技术、管理、业务相融合，实现了对前后台的技术、业务、决策的全方位支撑，促进了阿里多元业务的全面协同。

阿里巴巴的数字化中台是一个技术、管理、业务相融合的实体部门，阿里巴巴通过实体中台的建设帮助组织结构全面升级。2012 年，阿里巴巴不断涌现出新的业务，技术、人力、决策与新业务的衔接不匹配导致了大量重复建设与无效决策。为此，阿里巴巴整合技术、人员、资源构建了中台，包括事业部、共享业务平台、数据技术及产品部人员。以架构师、分析师为中台建设核心，成立固定的组织，对中台进行持续的开发与运营，最终形成了“大中台，小前台”的组织和业务体系。中台可为前台（一线业务）提供强大的技术、业务指导，为后台决策者提供决策辅助、协同支撑，并最终由中台提出具体业务的创新方向。

阿里巴巴业务更多地在数据中台的支撑下完成，不仅充分将数据与业务融合，实现了“业务数据化”，还实现了业务之间的“串并联”，提升工作效率，防止企业内部业务同质化、低水平发展，将企业优质资源用到需要的地方，“花钱花到刀刃上”。阿里巴巴数据中台主要由两部分组成：一个是数据，另一个是服务（主要面向业务，如淘宝、天猫、盒马鲜生等）。阿里数据中台的本质是 Onedata 体系，这个体系实际上是一个数据管理系统，包括了全局数据仓库规划、数据规范定义、数据建模研发、数据连接萃取、数据运维监控、数据资产管理工具等多项功能模块。阿里巴巴数据中台的架构如图2－4所示。

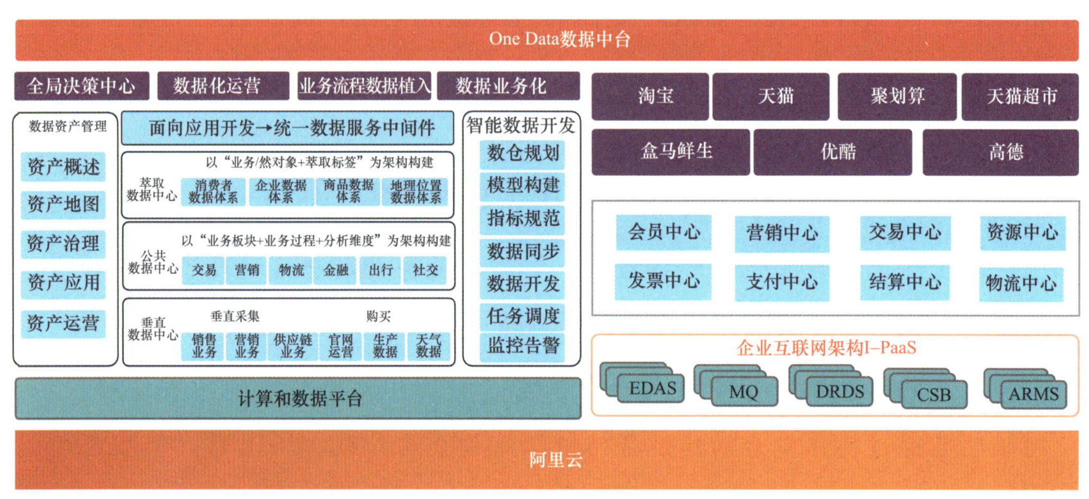

图 2－4　阿里巴巴数据中台架构

（2）数据中台提供三类服务：依赖接口的服务，依赖工具的服务，依赖数据的服务。其中，依赖数据的服务指的是平台具有大数据分析能力，可以将数据资源、分析模型、计算算力等作为资源对外服务。数据中台为用户提供服务接口，用户可以在业务层面自主定制化数据分析产品，简化业务使用数据的流程，提升对业务需求的响应效率。数字化中台是数字化技术与业务管理得以融合发展的枢纽，是一种依托数据充分共享来打破专业壁垒、促进专业协同、提升运行效率、实现上下贯通的载体。

对于电力企业，数字化中台可以将企业前端基建、调控、运检等一线业务与后台的全业务数据中心及决策支持应用紧密联系起来。其中，数据作为新的生产要素，指导企业内部其他资源的调配。数字技术作为新的生产力，最大限度挖掘数据要素的价值。数字化中台依托数字技术的应用，实现对公司全量数据要素的充分挖掘和按需共享，从而提升知识的产出、交互的速度和质量，实现更精准科学的管理决策、更敏捷和透明的业务流程。

2.4 本章小结

数字化革命的浪潮在为企业带来了巨大商业机遇的同时，也对企业能够与数字化转型相匹配的管理能力提出了要求。企业要将数字化融入管理基因中，根据企业的发展需求，将数字化战略和企业愿景以及业务战略进行有效衔接，单纯的信息化改造只是企业管理数字化转型的基础之一，还要能够在企业的管理模式、管理组织、管理手段等方面实现突破和提升。

(1) 敏捷、协同、高效的管理模式将为企业提供更多效益和活力。应对当今市场、业务与技术发展越来越快的趋势，企业需要不断提高自身的创新活力，以应对甚至于引领数字化转型的趋势。因此，企业要以数据为动力，快速感知客户和市场需求的变化，开展敏捷性的创新；要以数据为基础打破企业内部不同专业部门之间的壁垒，构建协同配合的合作形式，提高企业的管理效率。

(2) 灵活、柔性、以人为本的管理组织为企业实现数字化转型提供有力保障。数字化时代需要的是开拓创新，不是因循守旧。采用数字化技术可以提升传统企业的生产力，其相应的生产关系、组织架构和企业文化也需要相应的调整。构建共享服务型的组织架构，有效缩减传统冗杂的部门设置，建立柔性灵活的工作机制，能够让企业更高效地进行转向并加速前进。而以人为本的组织文化是企业保障高质量转型的重要基础，能够将数字化理念深入到员工行动当中，推动员工在同一个愿景下创造更大价值。

(3) 共享、协同、价值挖掘的数据中台充分为企业数字化转型赋能。大量有价值的数据分散存储，没有形成统一的应用和管理规范，也将造成新的数据壁垒。数据中台实现对数据统一管理和应用，充分挖掘数据价值，有效连接前台和后台，是前后台资源和需求匹配的重要枢纽环节。能源企业利用数据中台能够有效提升企业数字化转型进程，充分结合用户需求进行业务服务创新，为科学精准决策提供有力支撑。

3

业务创新：数字化催生能源企业新业态新模式

数字经济的发展推动各行各业在迅速转型、重构价值链，企业的数字化转型从以零售、医疗保健和安防等领域，开始向制造业、物流、农业生产等领域发展。一方面，各行业各企业应用大数据的比例不断提升；另一方面，企业的数据应用也正在从单个环节向端到端全链条融合发展，提升全产业链的效率。

IDC在中国企业数字化发展报告中，对我国金融、制造、教育、零售、文娱和政府在内的六大行业数字化水平进行了评估，其中制造业数字化起步较晚，数字化水平有待提高，要实现在大规模个性化定制、产品智能化、产出服务化方面的主要突破。当前以能源电力企业为代表的传统行业，在数字化转型方面，仍存在着产品创新能力不足、数据使用能力处于初级阶段和网络化、智能化方面转型进展较慢的问题。因此需要充分借鉴先进企业通过数字化转型推动业务创新的典型经验，实现能源企业在传统能源供应消费的环节进行创新拓展，并通过构建网络化生态，提升企业的多维发展能力。

3.1 服务化：建立与用户的超链接

对于具有数字化基因的企业来说，利用技术增强与用户之间的黏性、创新用户体验是一件习以为常的事情。如优步通过收集潜在乘客用车需要产生的时间和位置等数据，将出租车乘客的体验简易化、便捷化；奈飞（Netflix）[1]则通过移动App收集客户所在的地理位置、观众停止观影的时间等信息，分析了解用户的偏好，适时地向他们推荐影片，同时也寻找甚至创造用户喜爱的内容。而以能源电力企业为代表的传统企业，由于业务庞大和固定而形成的管理和运营模式，使得企业在面临创新的时候缺乏数字化思维，缺乏直接和用户进行对话的市场思维。能源电力企业在充分向互联网企业学习借鉴的基础上，结

[1] 奈飞Netflix是一家美国公司，给美国、加拿大提供互联网随选流媒体播放，定额制DVD、蓝光光碟在线出租业务。

合能源行业的业务特点，利用数据建立与用户之间的超链接，实现企业业务从2B向2C转变，推动组织、客户、员工在数字环境中的交互日渐频繁。

3.1.1 精准把握客户需求

对于企业而言，以客户为核心，掌握客户需求，才能使企业在正确的道路上前进，跟上市场变革的形势。过去通过前期市场调研、与客户交流沟通、发调查问卷来洞察客户需求。今天，越来越多的企业在使用大数据洞察并分析客户的实际需求，其准确性、针对性更高。企业想要在激烈竞争环境下凸现其竞争力，捕捉客户需求则要精确到个体，依据个体需求来提供定制化服务。大数据为这样的个性化服务提供了洞察力和行动力。数据挖掘技术的迅速发展为企业提供了全新的管理思路和管理工具，通过对海量数据进行收集、整理和分析，判断出客户的特征和偏好，能为企业决策提供重要的支持。

（1）企业通过融合多维度数据实现对客户的全面洞察。随着企业可以利用的数据采集方式不断丰富、数据维度不断提高，企业利用物联网、移动支付、位置服务等数字化技术，并且通过设置场景、增强与既有客户和潜在客户的互动来丰富数据资产库，从众多采源中提取和转换数据后，可以将每个数据处理结果链接到唯一的客户ID，然后进行决策和分析使用。这种分析有利于对品牌客户进行更全面地客户画像，进而实现对客户在各个场景交互行为的挖掘分析。例如通过分析用户对音乐的收听频率和类型，为用户进行精准推送；通过结合用户的社交行为、消费行为、偏好习惯、财富属性、地理属性等，对用户进行画像并设置标签，有针对性地进行营销服务。

案例：国网湖北电力公司宜昌供电公司创新构建“客户画像体系”

国网湖北电力公司宜昌供电公司以当前电力体制改革为契机，通过大数据分析及管理创新，不断满足客户多样化的电力服务需求，实现精准营销服务。通过采用大数据融合、机器学习、数据挖掘算法等技术，实现了用户用电行为习惯刻画，描绘用户画像，掌握用户用电情况，并在市公司层面分析监测电量增长、成本情况、客户满意度、风险管控、社会履责等指标，辅助公司发展决策。构建的“客户画像体系”在生产经营、社会履责、对标管理等多个方面发挥了积极作用，不仅为精准营销提供支撑，通过分析可事前识别用户用电习惯及需求，为提供精准的营销服务提供方向，而且还为电网发展提供参考，通过大数据分析，可从时间和空间上精确定位电量增长点，提前预判用电负荷增长，从而实现电网建设的精准投资，满足用户用电需要。

案例：泰森食品的客户驱动型数字转型

创立于1935年的泰森食品，是全球最大的鸡肉、牛肉、猪肉生产商及供应商之一。作为一家老牌食品企业，面对传统肉食类消费范围受限和增长率变缓的困局，由消费者驱动开始进行数字化转型，重塑其营销方式。为了预测饮食偏好和消费模式，泰森食品在个性化营销中充分考虑了包括天气、体育赛事、生活事件等相关信息，更有针对性也更准确地规划营销内容、方式、时间和目的。通过社交媒体等其他大数据进行分析，确定不同年代的人对肉类蛋白质的不同偏好和多变的需求模式，并将结果与第三方市场研究进行比较。这些信息用于打磨营销能力，从而更好地预测和影响购买模式。从较为传统的食品采购活动，如假期、足球赛场外野餐和夏季烧烤季，到更具体的促使消费者购买食物的本地活动——音乐会、业余体育赛事、政治集会和生日宴会等，从肉类生产到分销，更精准的预测有助于改善供应链管理，包括防止缺货，并最大化降低副食店的浪费。

（2）能源企业通过数据分析提供差异化的能源服务。随着数字化技术的发展，能源企业已经从传统的能源供应、传输的角色向能源服务转型，客户对用能的需求决定了企业提供的服务类型。“轻资产、重技术”型发展模式是包括传统能源企业、新兴科技企业的市场趋势。能源行业不属于轻资产行业，但从转型升级的角度看，能源企业仍然可以开展轻资产运营。大数据的应用能够带来更精确的客户画像、更准确的需求预测以及更个性化的订制服务。

案例：日本东京电力公司开展大数据分析，实施差异化营销策略

日本东京电力公司将工商业客户需求分为节能、减排、高可靠性三类。对于节能需求，东京电力公司为客户提供涵盖电力、燃气、供暖的最佳能源供应组合方案，提供多种电价方案和电气设备方案的优化组合，帮助客户改进设备及生产流程。对于减排需求，东京电力公司推出了一项名为“水溢价”的服务，此项服务中的电力完全由水力发电厂提供，获取的利润用于节能设备改造及水源维护。对于高可靠性需求，东京电力公司提供包括可再生能源发电、通信、供暖、供水在内的建筑设计、施工、维护等全方位服务，提升企业用电可靠性及能源运维管理水平。

针对居民客户，东京电力公司提供“电气化住宅＋个性化价格套餐＋增值服务”方案，满足其舒适、环保、安全、经济的用能需求。电气化住宅，即面向新建、改建住宅提供节能诊断以及产能、节能、储能相关设备安装、售后等服务，并大力推广电炊具、节能热水器等高效电气产品构成的“全电气化住宅”；个性化价格套餐，即向客户推荐具有市场竞争力的电力、燃气组合价格方案，并推出节能咨询、智能家居租赁等套餐服务；增值服务，即以客户用电信息为资源，开展模式识别、特征提取、行为分析等大数据分析，建立客户行为档案，提供精准服务。

对用户需求的准确把握为能源企业有效制定能源供应策略、优化能源规划方案提供有效的支撑，可使传统能源用户与能源供应端实现友好互动。但相距于数字化发展较为成熟的互联网企业，能源企业的数据分析还局限于能源系统本身，与跨领域、跨行业的关联较为有限，同时在洞察用户需求、创造用户需求等方面仍存在一定差距。像优步通过整合分散、空闲的车辆资源，改变了人们的出行习惯，能源电力企业需要在发现客户需求、满足客户需求的基础上进一步洞察需求并且创造需求。

3.1.2 开展综合能源服务

互联网技术的发展，使得传统业务之间的壁垒逐渐被打破，电力、燃气、分布式能源等以往各自为政的能源行业，也开始走向融合发展，能源电力企业的传统业务由纵向延伸开始向横向拓展发展。物联网、大数据、云计算、人工智能等技术发展，有效支撑了能源高效互联以及用户侧的友好交互，实现将数据资产转换为多样化的增值服务。

在此背景下，以能源组合供应服务、新技术/新模式融合式服务以及一体化集成式服务等业务形态为代表的综合能源服务应运而生。综合能源服务是面向能源系统终端，以满足客户需求为导向，通过能源品种组合或系统集成、能源技术或商业模式创新等方式，使客户收益或满足感得到提升的行为。综合能源服务的本质是由新技术革命、绿色发展、新能源崛起引发的能源产业结构重塑，从而推动的新兴业态、商业模式、服务方式不断创新，具有综合、互联、共享、高效、友好等多种特点。

(1) 打造智慧能源管理平台是开展综合能源服务的主要抓手。综合能源服务的业务从横向能源品类和纵向能源链条进行拓展，涉及多类型、多来源的数据，内容庞杂且规范不统一，需要围绕客户需求打造统筹管理的平台，整合用能监控、需求响应、电动汽车、储能等多领域专业。通过泛在物联，实现能源物理网络和信息网络的有效连接，打破时空限制，将能源服务贯穿于能源产业全过程，为政府、能源消费者、能源运营商、能源产品和服务商等不同主体提供多元、个性的综合能源服务。

案例：日本东京电力公司建设“四位一体”支撑平台，转型综合能源服务商

日本东京电力公司认为电力行业正在从提供产品向提供服务转变，从单一服务向综合服务转变。为此，东京电力公司调整经营战略，以满足客户综合服务需求为导向，构建集输配电平台、基础设施平台、能源平台、数据平台于一体的信息系统，全力支撑其综合能源服务业务发展。其中数据平台是渗透各个平台的神经中枢，通过收集、分析各个平台、设备以及客户的信息，为平台、设备、客户间的深度融合与紧密互动提供有效保障，为综合能源服务业务顺利开展提供强大的数据支撑。依托数据分析，东京电力公司为用户提供节能服务，提供包括节能诊断、解决方案、维护设备及运营管理等服务。另一方面通过智能电表、通信网络与服务器建立智能用电系统，引导用户错峰用电。

案例：江苏省打造园区多能互补综合能源服务平台

2018 年 12 月 10 日，江苏省首个园区级多能互补综合能源服务平台在红豆集团上线应用。该平台利用“互联网＋”和大数据挖掘分析等技术，预测电、热负荷和光伏发电量，以及热电厂经济能效运行方式、储能配套调节负荷，充分利用峰谷电价降低集团整体用能成本。园区所发剩余电量还可参与电网调峰、需求响应等，从而获取收益，为落实“互联网＋”智慧能源战略进行有益探索。项目投运后预期每日可节约成本约 2 万元，综

合能源利用率提高3%。园区管理者随时可以通过综合能源服务平台查看数据，获取周期性能耗情况，从而进一步规范和改进企业能源管理，实现园区能源管理可视化和一体化。2019年，江苏电力加快推进综合能源服务信息化平台建设，向客户免费推送能效诊断报告，激发客户节能降耗的内生动力，并同步根据客户需求开发区域、楼宇、医院、学校、工矿企业子平台，提升客户能源自我管理能力。同时，还不断创新平台服务模式，细分目标客户群体，为政府提供行业产业分析，辅助制定能源和行业政策；为能源服务商提供市场潜力分析，促进项目合作；为设备制造企业和科研单位提供设备能效分析，推动技术革新。

（2）创造基于用户需求的综合能源服务商业模式。综合能源服务面临着两大主要挑战：一是客户类型多样，包括了高耗能企业、新兴企业、建筑、交通等不同领域的细分客户，而且不同客户之间的用能需求差异较大；二是覆盖专业技术领域多样，涉及链条多样，包括电力、燃气、供热、分布式能源等，不同供应链的行业生态差异性大。综合能源服务的发展，本质要考虑是否增加或者挖掘了用户需求，通过技术手段提升边际效率，实现高成本业务能够在降成本的同时覆盖更广泛的服务范围。有效的商业模式要能够准确把握细分客户的特性和需求，在某一领域解决行业和用户关心的问题，创造能够满足各方需求的利益价值，进而实现服务模式的可持续发展。

案例：德国储能公司Sonnen建设家庭光伏储能系统

Sonnen公司是德国的储能硬件和服务供应商，其家庭电池能量墙（Powerwall Home Battery）产品规模占据了全球家庭光伏储能市场将近四分之一的份额。由于光伏发电的高峰是白天，而家庭的用电高峰却在晚上，因此发电和用电高峰之间存在错位，即使将白天的电力出售给电网，晚上再由电网供电，也仍然要支付由电网成本导致的出售价格低于买入价格的价差。Sonnen 通过建设家庭储能系统，将白天的光伏电力存储起来留待晚上使用，显著降低家庭的电费支出。在此基础上，Sonnen 在它的储能系统基础上进一步集成了家庭智能能源管理系统，最多可与三个家庭用电系统（如洗衣机、烘干机等）相连接，当存在富余光伏电量时，该家庭智能能源管理系统启动并运转，在一定程度上降低了对储能电池容量的需求。

另一方面，Sonnen 公司的储能系统还可以将富余的储存能力用于为电网提供稳定控制服务，从而获得进一步的收益。针对没有光伏发电设备的家庭，Sonnen 公司提供了“Sonnen 社区”的商业模式，通过安装 Sonnen 的储能系统，用户可以获得长达 10 年的每年 2000kWh 的免费用电额度，超出这个额度之后，用户还可享受优惠电价，这样节省下来的电费就远远超过了购买储能系统的成本。这不仅使用户可以拥有更多的存储能力，而且这些用户的用电需求又使得连入 Sonnen 储能系统的光伏发电单元的富余电力有了新的变现渠道，由于跳过了中间环节，不管是发电端还是用电端，都可以获得更好的电价。

国内开展综合能源服务起步较晚，但随着第一批国家“互联网+智慧能源”示范项目的实施，综合能源服务市场也逐渐繁盛，国家电网有限公司和南方电网公司也都分别出台了发展综合能源服务的相关指导意见。目前的服务业务主要集中于工业园区和公共建筑，开展多种能源互补利用、需求侧管理，为用户提供高效智能的能源供应和相关增值服务。相较于国外已经较为成熟，并且有明确目标导向的综合能源服务模式，当前国内综合能源服务还应当探索更加有效的商业模式，以构建清洁低碳、安全高效的现代能源体系为统筹目标，创造更加有活力的服务市场。

案例：上海张江利用大数据分析，打造综合能源服务“浦东模式”

上海张江科学城内多研发实验机构及高精生产制造基地，用户对供电可靠性、安全性及智慧用能有较强的需求。浦东供电公司打造的智慧城市能源云平台通过大数据收集分析，甄别有效信息，精准定位客户需求，先于客户发现用能问题。同时云平台聚焦能源客户需求，为客户提供私人定制“能源套餐”，客户可以实现能源智能“托管”。这台巨大的“监控器”，可以对张江科学城的电力、水务、燃气等能源使用情况进行监控和管理，它通过设计可量化、可分析、可应用的能源监控指标体系，实时采集客户水、电、气等各类用能信息并与历史记录对比，与政府共享数据。同时，还能再结合人工智能算法交叉比对，找出异常用能原因，支撑政府掌握区域能源供需动态和产业调整动态，优化管理决策。

提升综合能源服务水平是能源电力企业增强市场竞争力的重要途径，建设能源互联网和综合能源系统是能源电力系统转型的重要发展目标。一方面要突破企业管理桎梏，勇于创新综合能源服务商业模式，拓展新兴竞争市场；另一方面要善于运用物联网、人工智能、数据挖掘等技术，实现综合能源系统能源流和信息流的高度融合。

3.1.3 丰富用户消费体验

Twitter 曾有研究显示，对于消费者来说，客户服务的重要度比品牌自身要高出 30 个百分点。在客户服务需求排行榜中，主动参与、立即满足和个性化服务占据排名前三。随着数字化转型进程的加快，用户对企业数字化期望也在快速增长。在未来，个性化和预测将成为主题，依靠大数据和人工智能等技术的推动，将把渠道内的客户服务与效率提升到极致。

（1）人工智能、语音识别、图像识别等技术的应用为创新消费体验提供技术基础。例如高级语音功能可以利用复杂的系统通过自然且微妙的人机对话实现互动，亚马逊推出的 Alexa、谷歌推出的谷歌助理、苹果推出的 Siri 语音识别软件，已经广泛地应用在生产生活中，开始对传统的生活习惯发起挑战。

基于人工智能的系统通过直觉感知到人类的手势、思维活动以及目光所传达的信息，然后，针对用户发出的非语言型指令作出响应。通过对数据分析和用户行为研究作出的洞察，已经能够实现用更加巧妙的方式，在不分散用户注意力的情况下，为用户提供个性化优质服务。比如已有的夹戴式小型装置，能够感知到佩戴者在开会时注意力下降，并能释放出一股类似柠檬或薄荷等气味来提高人类注意力，并可根据生物识别数据或环境数据确定释放香味的浓度及释放频率。

增强现实（AR）、虚拟现实（VR）以及混合式现实设备等技术作为智能界面的传递工具，正在利用各种各样的数据，为用户提供信息丰富且具有详细情境的虚拟环境。这些技术及功能协同发挥作用，逐渐改变着人与机器、数据以及人与人之间的互动方式。

（2）运用智能化手段增强与用户之间的互动。当前智能化的穿戴设备、家庭控制设备等正在明显地改变着人们的生活。通过与设备之间的互动，在增强趣味性的同时，能够提高用户黏性以及运营效率。传统的能源电力企业，在数字化转型中也在努力尝试利用新兴技术改变传统依靠单一渠道模式化的手段进行客户服务的现状。在与消费者接触的每个环节都尽力做到最大化地满足消费者需求并提供超出预期的服务，是数字化时代下“提升用户消费体验”的新内涵。

案例：英国石油公司开发“里程”人工智能系统加油泵

英国石油公司在纽约和芝加哥的加油站，开始配置使用名为“里程”的人工智能系统的加油泵，来提升消费者的互动体验。在加油的同时，“里程”会问候消费者，提供小娱乐，提供折扣优惠，并将消费者连接上社交平台。除了可以了解消费者的消费模式外，这种互动智能技术还可以改变消费者对传统加油站的观念，并吸引他们二次消费。

案例：壳牌开发人工智能助手为用户提供全方位综合服务

壳牌的首个人工智能助手——壳牌小贝，能为制造业、建筑业、农业等不同行业的设备维护人员、壳牌经销商销售代表及工程师等提供全方位、综合性的服务。它具有五大技能：一是行走的油百科，通过它可以查询到关于壳牌产品得一切，甚至包装规格和购买渠道。二是实时的油管家，随时供给产品替换建议。三是行走的油博士，只要用手指轻轻一按，小贝就会马上结合设备情况告知哪款壳牌产品最为合适。四是全面的油参谋，小贝能够通过案例了解如何解决润滑难题。五是靠得住的油保镖，只要输入相关主要词，如防伪查询，就能马上获取辨别油品真伪的正确办法。

3.2 智能化：加强数字技术应用

工业智能化、数字化是传统企业转型升级、提质增效的必由之路。依托数字化技术，要提升传统企业的发展模式，实现数字化创新升级，用更智慧更人性的方式为企业提质增效。工业和信息化部发布的《中国两化融合发展数据地图（2017）》显示，制造业在研发、制造、营销等环节的数字化指标值较高，但在集成互联、智能协同等环节指标值较低，这说明传统制造业在网络化、智能化方面的数字化转型进展依然较慢。

面对能源行业迫切的“数字化”升级需求，以及能源互联网发展中存在的诸多问题，能源电力企业主动拥抱大数据、云计算、人工智能等先进技术，在能源的生产、运行、管理等各个维度进行智能化设计和改造，一方面能够提高能源企业自身的生产效率并确保安全，另一方面能源企业的智能化发展也为充分利用可再生能源、提高能源利用效率提供了可能，可有力推动构建清洁低碳、安全高效的现代能源体系。

3.2.1 实现能源生产安全高效

传统能源产业专业复杂，进入行业的风险投资较少，随着数字经济的发展，传统能源企业生产体系庞大、运营效率较低的问题日益显现，许多能源供应商都面临着传统产能过剩、大量资产闲置的问题。随着世界能源格局的变化，能源发展向低碳化、分散化、智能化转变。能源消费服务市场的需求转变，倒逼生产环节要更加安全、高效、清洁，因此需要依靠数字技术，提高能源生产过程的智能化水平。

（1）业务环节数字化，实现降本增效。生产全过程数字化是将“人、机、料、法、环”五个层面的数据连接、融合并形成一个完整的闭环系统，通过对生产全过程数据的采集、传输、分析、决策，优化资源动态配置，提升产品质量管控。生产全过程数字化需要企业在人员配备、自动化设备、设备连接、环境感知等各方面具备良好的基础。通过打通各专业的数据流，将不同生产环节的设备、软件和人员无缝地集成为一个协同工作的系统，实现互联、互通、互操作。

在能源电力互联互通的生产运营环节中，无论是方案制定，还是生产设备自动化、可行性验证等，都离不开数据，通过仿真对整个项目各个阶段进行模拟，收集相关数据，对数据进行分析，再进行实施，可实现将大量试验方案自动化，减少人力与物力浪费，大大缩短现场自动化调试时间。各个环节的工序使用自动化设备，降低了不同环节之间的沟通误差，节省了人力成本，缩短项目开发时间。

在石油和天然气行业，数字技术的广泛应用，可使油气工业生产成本降低10%～20%，使可采油气资源增加5%左右。在电力行业，数字技术可以从四个方面降低电力系统成本：节约运维成本；提升发电及电网效率；减少意外停机；延长设施的使用寿命。采用数字化技术，预计可使2017～2040年的年发电成本降低800亿美元，相当于全球发电总成本的5%。

案例：西门子“数字双胞胎”（digital twins）

利用数字化双胞胎，西门子将虚拟与现实完美融合成一个更灵活、更高可用性的联网“生态系统”。在这个生态系统内，过程工业和离散工业均可获益于开发数据、生产数据以及供应商数据的全面集成。

“数字化双胞胎”由“产品数字化双胞胎”“生产工艺流程数字化双胞胎”和“设备数字化双胞胎”三个部分组成，由统一的一套数据进行统筹，能够形成基于模型的虚拟企业和基于自动化技术的现实企业镜像，完整、真实地再现整个企业，为从产品设计、生产规划、生产工程、生产实施直至服务的各个环节打造一致的、无缝的数据平台，支持企业进行涵盖其整个价值链的整合及数字化转型，从而帮助企业在实际投入生产之前即能在虚拟环境中优化、仿真和测试，而在生产过程中也可同步优化整个企业流程，最终打造高效的柔性生产，实现快速创新上市，锻造企业持久竞争力。

（2）流程在线可监控，实现生产安全可靠。能源电力企业的生产智能化需要依托流程的自动化实现，而流程自动化能否顺利实施需要对依托数据开展的业务运营流程进行监控，及时发现异动问题，分析问题根因，提前开展趋势预判及下一步决策。

在能源电力供应方面，通过对能源供应量、供应方式、供应范围等内容的监控分析，协助营运商或者政府改变能源组合，调整化石能源使用量，增加可再生资源的利用效率，将可再生能源的间歇性影响降到最低。能源生产者能够对多个来源产生的能源输出进行管理，以便实时匹配社会、空间和时间的需求变化。

能源传输、电网运营方面，电网故障警报系统中配置的数据传感技术和数据分析技术，可以不断收集和整合来自数百万台智能传感器中的数据，并从大型数据集的模式和异常现象中进行自主学习，以便及时地做出决策，以最好的方式分配能源资源。同时，在出现错误或黑客的情况下协调进行联合行动，对网络进行自我修复，并预测生产和消费数据。

在需求侧生产运营情况监控方面，数字化技术能持续监控家庭和企业的智能电能表和传感器的供需情况，实时测量通过电网的电力流量，使运营商能够主动管理和避免中断，并在非高峰时间修改电力使用，从而放宽电网的工作量并降低消费者的价格。

案例：大唐南京发电厂开展智慧电厂探索

大唐南京发电厂始建于1910年，是中国第一家官办发电厂，现隶属于中国大唐集团公司。为了加强企业自主创新能力、优化生产流程、提高火电企业竞争力，大唐南京发电厂开展了智慧电厂建设工作，逐步建成完善了以区域锅炉CT、锅炉燃料优化调整、三大项目智能掺配、汽轮机机冷端优化、人员定位安全管理系统、远程诊断中心建设、锅炉四管诊断系统、管控中心等为核心的八个技术模块。

（1）推行三维可视化智能检修。加入功能仿真和研修两个模块，可以帮助运营人员了解管道的空间布局情况以及介质的走向。检修人员可以通过智能检修模块对设备的内部结构进行了解，实现在没有检修条件下对设备检修的充分了解。在智能检修模块中也加入了培训考核功能，该功能可以对受训者实际的掌握情况、拆装顺序、检修工具、检修主要的技术要求进行综合的指导和考评。

（2）建设智慧化管控平台。在平台中将智能设备、智能检修、智能运行、智能决策等多个模块进行统一和融合，全面加强企业安全生产的基础管理工作，提高了安全生产和运行水平。

（3）打造智慧安全管理系统。引入人员定位系统，和虚拟电厂的结合，在三维立体空间建模基础上，对现场的位置进行划分和定位，将每个位置所对应的安全注意事项和安全定位措施跟运行标准等信息关联起来，现场人员可以智能识别危险区域，避免出现人身伤亡事故。目前对人员的定位误差可以控制在20～50mm范围内，最大范围内防止人员跑错间隔和误操作情况的发生。通过人员定位和三维虚拟电厂结合，设置虚拟电子围栏，实现高温、高压等危险区域及重要设备的监控，现场人员就可以智能识别危险区域，提醒越界人员以及安监人员确认，保障人员或设备的安全，减少不必要的损失。

3.2.2 提高清洁能源利用水平

随着全球能源转型进程的加快，可再生能源的装机容量和并网规模不断提升，传统化石能源清洁开发利用技术日益成熟。提高可再生能源利用率、实现能源清洁利用已经成为现代能源体系的发展趋势。但由于可再生能源具有随机性、波动性等特点，高比例可再生能源的接入会对系统的安全性和稳定性造成挑战，需要寻找有效的手段来保障清洁能源的有效利用。

（1）利用大数据分析实现对可再生能源的高精度预测。采用云计算、大数据等技术，可预估不可观测区域分布式可再生能源发电容量；结合深度学习等具有处理海量数据能力的算法，充分利用广泛、实时、高密度数据，可挖掘可再生能源发电的波动特性和关键影响因素，提高预测精度。例如，SunCast 是美国国家大气研究中心（NCAR）的一个用于提供太阳能的预测系统，它基于现场的实时测量和云计算模式的卫星数据进行预测。该预测融合了许多模型，并使用统计学习和一系列人工智能算法根据历史观测精准预测太阳能出力。

案例：DeepMind 开发需求预测模型，应用于英美电力系统

被谷歌收购的人工智能公司 DeepMind 与英国国家电网将 DeepMind 的人工智能技术添加到英国的电力系统中。该项目将处理天气预报、互联网搜索等海量信息，利用机器学习技术预测电力需求和供应的高峰，从而帮助英国国家电网公司最大限度地利用可再生能源。同时，DeepMind 和谷歌将机器学习算法应用于美国中部地区 700MW 风力发电能力的风电场，使用一个训练有素的神经网络，利用广泛可用的天气预报和历史涡轮机数据进行训练，并将 DeepMind 系统配置为“在实际发电前 36h，预测风力输出”。基于这些预测，DeepMind 模型能提前一天建议工作人员就每小时交付多少电力对电网做出最佳承诺。到目前为止，与没有基于时间承诺的供给情况相比，该软件已经将这些风力电厂的风能价值提高了 20%。

（2）数字化监测保障清洁能源可靠运行。可再生能源在并网运行过程中存在很多不确定的因素，发电效率也会受到多种因素的影响，通过对场站部署数据采集传输、光资源测量等监测设施，不仅能实时采集项目运行监测数据，有效掌握运行情况，也能够及时对存在的安全隐患和故障进行处理。

案例：阳光电源利用智慧光伏云实现在线监控

阳光电源依靠其1500个光伏电站的运维经验和大数据基础，并通过阿里云提供海量数据的计算、存储和网络连接能力，构建了细化的光伏电站运行维护管理平台——“智慧光伏云 iSolarCloud”。通过智慧光伏云系统，直接将光伏数据采集器集成于光伏逆变器中，可实现对光伏数据监控的“终端”逆变器数据、汇流箱数据、直流柜数据、电能表数据的实时监控。同时依靠阿里云的云计算服务平台，结合地理位置数据、公共天气数据、电池板温度、大气温度、日照情况数据等，可实时监控光伏电站运行状态。同时，多维度数据支撑了精准光伏出力预测，为光伏行业分析和发展提供参考。

（3）产品远程运维，实现智能化决策辅助。可再生能源资源大多分布在偏远、荒凉的地区，许多可再生能源场站的建设和运行环境很恶劣，这给人工运维操作带来了极大的困难。企业利用物联网、云计算、大数据等技术对生产并已投入使用的智能产品的设备状态、作业操作、环境情况等维度的数据进行采集、筛选、分析、储存和管理，并基于上述数据的分析结果为用户提供产品的日常运行维护、预测性维护、故障预警、诊断与修复、运行优化、远程升级等服务。远程运维服务可以有效降低设备故障率，提升设备使用率与使用寿命，同时对于长期工作在偏远地区的值班运维人员而言，远程运维服务将显著改善他们的工作环境，提高工作的幸福感。同时，依据数据分析进行决策辅助，还能够提高工作的效率和准确性。

案例：青海新能源大数据平台实现新能源电站“无人值班、少人值守”

青海绿能数据有限公司基于互联网架构，融合大数据、云计算、物联网、移动互联、人工智能等前沿技术，建成国内首个数据汇集、存储、服务、运营为一体的新能源大数据创新平台。该平台实现源、网、荷侧多源异构数据的实时采集，实现风机部件级、光伏板件级最小颗粒度数据采集，采集频率5～7s/次，累积接入数据已经超过55亿条，每日新增数据量超过60GB，高效支撑了各类行业应用的构建和使用。截至目前，平台接入省内11家发电企业共计121座清洁能源电站，总容量达4287.83MW；实现21座新能源电站“无人值班、少人值守”模式，促进电站减员增效。目前，“无人值守”模式正在向新能源电站设计和建设领域延伸。发电企业依托平台创新业务模式，改变原有工作模式和经营模式，促进产业升级。在青海省扶贫局支持下，目前已接入9座扶贫电站，装机容量321.7MW。

3.2.3 促进生产消费友好互动

互联网技术和大数据的应用，使得传统行业之间的壁垒和不同专业之间的“高墙”被打破，能源行业的形态发生了极大的变化。传统的能源企业正在面临负荷集成商等市场新进入者以及还有很多基于互联网生态的全新企业的挑战，能源消费者将前所未有地成为能够重塑市场格局的重要玩家。

能源生产和消费领域的技术创新，如可再生能源、电动汽车、储能、智慧家电等，使消费者看待和使用能源的方式发生了巨大的变化。消费者不仅是终端用能的一方，也能够作为能源生产者参与到能源系统中。用户侧资源参与源网荷互动有利于提高电网利用效率，提升调峰调频能力，促进清洁能源消纳。

对于社会来说，用户侧资源参与源网荷互动有利于提高供电保障，提升经济性，同时还可促进社会节能减排。对于用户来说，能够有效降低用能成本，有效选择多样的用能服务，提升互动体验。

（1）通过建设能源管理平台，实现对用户侧负荷的有效管理。利用源网荷信息监控技术，同时结合新能源出力预测，可评估系统备用和调峰需求，向广大用户实时发布能源电力资源情况、市场交易、实时电价等信息，引导用户侧资源积极参与电网调峰调频和备用，开展用户直接交易，基于辅助服务补偿机制，利用精准实时负荷控制技术，丰富日前计划安排和日内实时运行调整手段，实现用户侧资源的常态化应用，提升电网电力电量平衡能力。采用“大云物移”技术，采集监测源网荷信息，与系统调控、能源服务进行对接，利用数据的智能分析应用，实现对源网荷的互动管理。

案例：德国意昂集团（E. ON）通过家庭能源管理系统和物联网平台提升能效，改善用户体验

德国意昂集团（E. ON）和美国巨头微软合作，为家用电子设备生产数字仪表板，这些家用电子设备包括从加热系统到太阳能电池板、电池存储系统，再到电动汽车的各种产品。家庭能源管理系统在推向市场后会成为大型德国公用事业公司提供的一系列产品中的亮点。另外，意昂集团与美国 Sight Machine 公司建立合作伙伴关系，创建物联网平台以提高生产效率，通过软件预测电力需求或控制家用电器。Sight Machine 开发的系统使用人工智能、机器学习和高级分析来帮助解决质量和生产力方面的关键挑战，这意味着来自工业和商业领域的客户可以智能化地提高单台机器和整个工厂的效率，从而节省能源成本。意昂集团将在自有的 Optimum 平台上推广该技术，通过将原始数据转化为可操作的信息，客户可以更直观地查看能源流并识别潜在的改进方案。

（2）通过整合用户侧资源，打破传统能源生产和消费之间的界限。配电网中的分散发电和有源负荷将呈现高速增长的态势，更多电力用户将由单一的消费者转变为混合型的产消者。依托互联网和现代信息通信技术，能够把分布式电源、储能、负荷等分散在电网的各类资源相聚合，进行协同优化运行控制和市场交易。以虚拟电厂为例，虚拟电厂围绕用户和系统需求，自动调整并优化响应质量，实现用户与系统、技术和商业模式的双赢。

案例：国网江苏电力与苏宁联建“虚拟电厂”

国网江苏电力与苏宁重点发力智能家居领域，共同研究建立智能家电数据分析与共享平台，开展客户家电大数据分析与应用，为客户提供节能诊断、分析、家电故障报警等增值服务，提高客户能效水平。该项目鼓励客户利用家电海量微负荷参与电网互动，建立“虚拟电厂”。

未来，可以将居民家里的电器串联起来，在家居电表上植入一个系统，然后跟苏宁的智能家居系统打通，通过系统调节家用电器，节约用电。例如，晚上睡觉时，系统会自动根据室温调节空调温度；或者在用电高峰时，自动优化家中一些电器的用电量。有的功能可以通过苏宁的智能家居系统实现，有的可以通过国网电力的虚拟电厂系统实现，国网江苏电力与苏宁建立“虚拟电厂”系统后，就可以打通两者的功能。

（3）采用技术和市场手段，引导电动汽车和电网互动。加强电动汽车企业、动力电池企业等行业相关方合作，统一电动汽车与充电设施标准化接口，实现电动汽车便捷化接入电网互动系统。结合充放电控制需求，通过建立智能充电桩、智能电能表功能，实现远程断电续充、充电启停、功率柔性调节，实现电动汽车充低谷电、充绿色电。

案例：德国 Innogy 共享充电桩

德国能源巨头 Innogy 和物联网平台企业 Slock.it 合作推出基于区块链的电动汽车点对点充电项目。用户无需与电力公司签订任何供电合同，只需在智能手机上安装 Share&Charge APP，并完成用户验证，即可在 Innogy 广布欧洲的充电桩上进行充电，电价由后台程序自动根据当时与当地的电网负荷情况实时确定。由于采用了区块链技术，整个充电和电价优化过程是完全可追溯和可查询的，因此极大地降低了信任成本。

3.3 网络化：增强企业跨界融通能力

3.3.1 拓展企业业务链条

数字化为企业赋能，以建立更多的业务与业务之间、业务与数据之间、数据与数据之间关联互动，充分激发业务发展和创新活力，促进业务价值链不断延伸。数字化不仅使数据深深地融入产品和服务中，同时也成为核心流程和产品服务交付过程不可获取的关键要素。“业务数据化、数据业务化”过程将数据和业务紧密结合，以数据驱动业务发展，以业务反哺丰富数据资源。

（1）业务数据化方面，业务的开展越来越依赖于数据的高效流通和价值发现。企业需要从“数据说话”到“数据驱动”的逐渐转变，不仅要对业务数据实现更为全面、准确地采集，更为重要的是要用数据为业务服务，从一个数据的拥有者向数据的掌控者转变，激发更多新业务、新业态，实现数据与业务的联合互动。数字化促进数据与业务的深度融合有助于重塑业务价值，让业务更丰富，更具有生命力和影响力，实现业务的创新发展：一是推动以产品为中心的生产模式向以客户为中心的服务模式转变，让业务下沉至客户侧，缩短业务与客户的距离，使业务更好地服务于客户；二是推动业务由线下独立运营模式向线上联动模式转变，以市场需求为导向，实现业务的协同互补，加快更新迭代速度；三是推动业务由服务本行业向服务产业生态发展，进一步拓宽业务品类和范围，丰富业务内涵。

壳牌公司作为世界石油龙头企业，在数字化时代也在不断地寻求变化，利用最先进的技术武装自己，提升核心竞争力。凭借大数据技术，壳牌公司推动业务数据化，挖掘日常数据活动产生的海量数据价值用于指导公司业务和管理，为业务本身带来价值增量，促进业务价值延伸，激发商业模式创新，为公司发展带来更多的活力。

（2）数据业务化方面，在数据中发掘新的商业价值，创造新的产业模式。数据业务化将收集到的数据用于业务本身，促进业务的迭代发展：一方面，以数据驱动业务发展，利用大数据、人工智能等技术提取数据价值，指导业务实践和发展，进而提升产品体验；另一方面，以数据为基础的创新，让创新更具活力。更多的传统行业的大企业仍然靠产品赚钱，对市场效应速度慢，对消费者服务意识薄弱，当他们碰到其他业务免费的产品或服务时，显得毫无还手之力，业务存在被竞争和侵蚀的风险。数据时代，消费者不仅仅是产品的使用者，他们更多地参与到产品的设计、生产、销售中来。消费者对于市场的影响更为直接、更为迅速、更为深远，而网络传播、聚合效应一定程度上助推了消费者的需求，加剧了企业竞争。在此基础上，满足消费者需求、提升消费者体验成为商业模式里面重点考虑的内容。

案例：世界最大的汽车租赁公司 Uber 却没有一辆出租车

Uber 是一家美国硅谷的科技公司，目前在全球范围内覆盖了 70 多个国家的 400 余座城市。Uber 根据客户需求提供定制化出租车服务，他们既不限制旗下车辆的定位，也不限制所服务人群的定位。他们既有Uber X、Uber Black这种为乐忠于乘坐中端车辆的用户提供服务的产品，也有Uber Taxi这种为希望以最小的经济代价获得通勤服务的用户设计的产品。针对不同的时间段给出租车制定不同水平的服务价格，这是Uber商业模式中一个重要的组成部分。除了出租车之外，Uber还在为用户提供轮渡、直升机等其他受到许多用户欢迎的通勤服务。不久之前，该公司还在巴黎开通了摩托车通勤服务。除了通勤服务，他们还涉及一些其他的业务，例如在旧金山开通的快递服务，以及在其他7个城市内所提供的冰激凌卡车配送服务等。

Uber更多的是作为资源整合商，而并不实际控制资源，这种模式下业务整合优化成本较低，保证了业务的灵活性和创新性。更为重要的是，Uber利用数据分析得到了用户的需求，业务紧紧围绕用户需求展开，以服务为核心开展业务，实现了业务创新发展。

传统的能源电力企业由于行业属性形成了一定的业务壁垒，通常企业只掌握经营范围内的能源品种，对于其他资源配置能力有限。另外，能源行业往往专注于对于产品生产过程，对用户的服务意识薄弱，导致产业链发展不平衡。更为重要的是，能源电力企业依托能源供应难以实现预期的利润增长，传统业务模式面临瓶颈。面对这种情况，越来越多的能源企业推动价值创造核心从能源产品逐渐向能源服务转型，而这种能源服务的核心就是数据服务或数据应用服务。

案例：能源企业探索数据应用服务

法国电力公司与亚马逊开展合作，借助亚马逊的智能音箱Alexa实现语音服务。德国意昂公司则是结合手机的定位数据实现家庭恒温系统智能化控制，提升智能家居服务体验。法国燃气集团的子公司 Vertuoz 是一个建筑能源管理的数字服务平台，通过为建筑安装温度传感器、光敏传感器、CO_2传感器等采集建筑用能数据，并依据数据监测与分析，制订节能计划，通过远程智能能源效率监测和控制系统实时优化建筑物用能方式。

数字化使能源企业具有了数据驱动业务的条件和能力，改变了原有的经验驱动的决策管理模式，极大提升管理效率、压缩管理链条、拓展业务链条，实现不同场景个性化决策，进一步促进业务的健康发展。

3.3.2 创建数字平台

平台是一种即插即用的商业模型，可以允许多个参与者在平台上相互连接、相互影响、创造并交换价值。数字化平台以数据技术为支撑，以数据为载体，实现平台之间的数据、信息、能量高效流通互动，企业之间的价值交互，促进企业共同发展。正是由于数字化平台对于信息和资源的整合能力，平台型企业受到各个行业的关注，例如互联网行业、能源电力行业等。平台型企业通过广泛的合作，和利益相关方建立合作关系，拓宽企业的业务领域，进一步提供服务和创新平台。一些领先的企业平台建设已经较为完善，形成了自己的“平台影响力”。数字化平台的分类见表 3-1。

表 3-1　　数字化平台分类

平台类型	主要公司	商业模式
搜索引擎	谷歌	广告业务
社会平台	Facebook、Twitter、Instagram、LinkedIn	广告业务、客户服务
知识平台	Stack Overflow、中国知网	广告业务、知识提供与分享
应用商店	Apple/Google Play	销售数字产品

续表

平台类型	主要公司	商业模式
媒体平台	Spotify、Deezer、抖音	媒体产品输出、用户定制化推荐
众包平台	Uber、AirBnB、滴滴	工作重新分配，资源再整合
存储平台	GitHub	“免费增值”商业模式（只有不想与社区共享代码时，才需要付费）
基础设施平台	AWS、Azure	按需索取，自主付费

多年来，一些数字巨头和独角兽公司[1]在技术平台上建立了自己的商业模式，商业上的迅速扩张成就了他们的商业奇迹。人们现在都明白了平台的力量，一些企业开始建立自己的数字平台，这将促进他们进入新的行业模式，为企业进入新领域、开辟新市场提供基础保障。由于企业发展阶段和业务诉求的区别，平台功能和商业模式都将有一定区别，但平台的引流功能确是相似的，即以平台资源、算力、市场等优势吸引用户或者其他企业加入平台，“飞轮效应”将促进平台的不断壮大。

案例：滴滴平台为业务赋能，不断增加客户黏性

滴滴出行，当前已经是全球最大的一站式移动出行平台，涵盖出租车、专车、快车、顺风车、代驾及大巴等多项业务，打通出行O2O闭环。迄今，滴滴的估值已超过165亿美元，拥有超过2亿的用户。尽管有其他打车软件（如曹操专车、首汽约车、神州专车等）竞争者，但滴滴仍然凭借自己的平台和客户黏性占据着行业的第一把交椅。

现有国内任何一个平台都难以撼动滴滴的地位，艾瑞咨询报告显示，2017年，滴滴出行以58.6%的渗透率远超其他网约车公司，首汽约车、神

[1] 独角兽公司一般是投资界对于10亿美元以上估值，并且创办时间相对较短（一般为10年内）还未上市的公司的称谓。

州专车和易道加起来的渗透率都不超过滴滴出行的1/10。观研天下分析，滴滴在2017年为全国400多个城市的4.5亿用户，提供了超过74.3亿次的移动出行服务，这相当于平均每人使用滴滴打车超过5次。滴滴强大的平台成为企业发展的护城河，保护着滴滴在领域内的领先地位。滴滴平台更好地满足了客户打车需求，整合需求者和需求提供方的需求，利用数据分析技术及时匹配需求，让双方都能够有较好的体验。滴滴平台开放共赢，允许其他应用中嵌入滴滴出行SDK，可轻松实现用户叫车、用车、在线支付等功能，满足用户在各种不同场景中的出行需求，服务地点覆盖全国。滴滴平台为第三方打车服务提供入口，“如祺出行”“东风出行”等网约车运营商被接入，平台用户不断增加，平台赋能效益凸显。

数据平台“飞轮效应”以微服务为具体载体，这些服务是包含公司软件和/或硬件服务的模块。模块化平台为生态系统内的其他技术提供服务，允许采用更具适应性、更灵活的业务系统体系结构。这反过来有助于告知企业如何最好地交付其数字战略，并实现“可持续的客户价值”。

平台微服务架构见图3-1。微服务更多地体现在产品迭代速度快、与用户

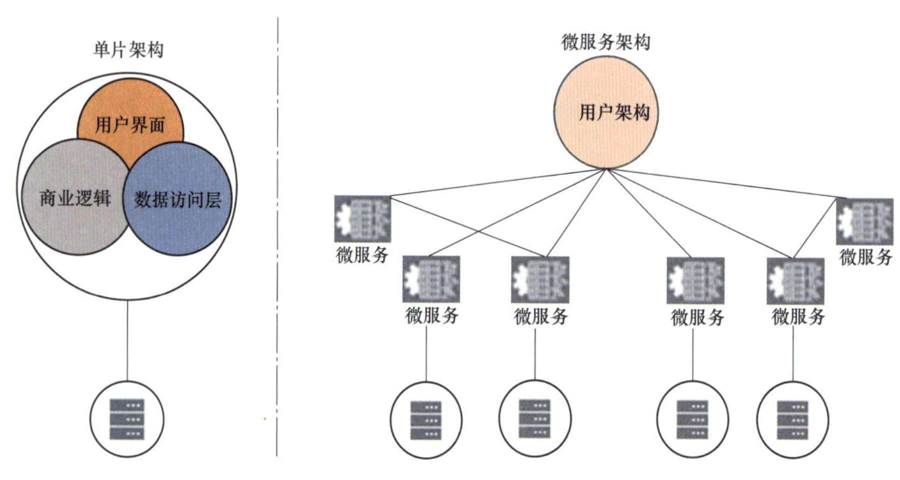

图3-1　平台微服务架构

互动频繁，更多面向个人用户。微服务将用户与企业紧密联系，企业能够迅速反映用户需求，用户可以将意见及时反馈企业，双方各取所需，从而促进企业提供更优质服务，吸引更多企业、个人用户加入平台，实现平台的广泛互联。

事实上，对于企业来说，平台带来的不仅仅是广泛连接，更为重要的是通过连接为企业赋能，为企业提供多方面的能力：一是洞察客户的能力，通过多种数字化渠道获得客户需求、行为信息，及时快速地反映用户需求，指导企业调整产品形式和输出模式；二是服务供给能力，迅速整合企业内部资源，以微应用为载体加快产品更新迭代速度，提升服务意识和服务能力，为客户提供个性化服务；三是数据决策能力，依托平台建立数据管理和数据分析能力，以数据驱动决策，丰富决策手段，提升决策的可靠性；四是商业创新能力，依托平台实现需求和资源匹配，畅通业务链条，激发更多的商业模式。

案例：安德玛（Under Armour）公司以平台促业务发展，更好服务用户

安德玛（Under Armour）公司是一家美国的体育用品公司，近年来发展迅速，一度超越阿迪达斯公司成为全美第二大运动品牌，仅次于耐克公司。安德玛公司的成功除慧眼独具，签下库里、巨石强森等明星运动员之外，还与其自身的数字化平台有关。安德玛推出“互联健身”（connected fitness）平台，他们想要做的远不止是一家体育服装公司。“互联健身”是一个平台，可以追踪、分析和分享客户手机上的个人健康数据。这个新应用程序向UA提供了一个信息流，使他们能够立即识别健康和健康趋势。例如，总部位于巴尔的摩的安德玛（Under Armour）公司能够立即识别出一种位于澳大利亚消费者的行为习惯，并及时做出反应。这使得他们能够在竞争对手知道发生了什么之前就进行本地化营销和分销，使产品研发更具针对性，提前满足用户需求，为抢占市场提供有利条件。

对于能源电力行业，由于能源行业的特殊性，在企业业务链条中往往忽略了用户体验，更多的是将无差异化的产品推送给用户，满足用户常规需求。随着数字化时代的到来，“互联网＋”理念逐渐被人们接受，能源用户对于高质量诉求越来越高。另外，能源企业依靠单一的“卖能源”的商业模式已经不能满足数字化时代业务增长需求。在此情况下，以能源行业为背景的服务平台建设成为能源电力行业关注的重点。目前，国内电力企业已经开展了综合能源服务平台、车联网平台、新能源消纳平台等多个业务平台，依托平台增加业务流量，促进业务发展。能源电力企业涉及更多的是服务平台，以服务保障能源产品高质量输出。更为重要的是，平台吸引了更多的能源供应商和消费者，赋能能源电力企业，促进构建能源生态。

3.3.3 打造高质量能源生态圈

数字时代市场需求更新迭代速度加快，倒逼企业快速整合优质资源适应市场需求。企业经营生产相互之间的依赖关系增强，再加上市场需求多样化，“单打独斗”式的业务模式已经难以满足市场需求。许多技术领先企业已经意识到这一点，并开展了生态建设，从自身企业产品生态到企业间的产业生态，以生态促进企业发展。

案例：小米公司依托数字化平台打造“小米生态”

生态链是小米公司市场权力建构的又一个关键环节，透过生态链，小米公司用资本的手段与一些初创企业结成联盟，同时也让他们不再成为竞争对手。小米公司起家于智能手机，依托数字化平台迅速开启智能硬件生态链扩张，以平台为基础，生态链企业已经超过 100 家，培育了青米、紫米、润米等一批优秀企业，多家估值超过 10 亿美元。小米公司通过生态实现了自身权利便捷的延伸，作为生态联合基础，小米公司数字化平台要足以支撑整个生态健康发展的用户，并控制价值量关键环节，实现公司良性发展。小米公司通过数字化平台将面向用户端小米产品项目链接，充分采集用户信息，更好地服务客户需求，协同小米消费产品之间相互配合、相互支撑。

在更广阔范围内的协同发展已经成为各个行业的共识，但由于经济、政策、环境、人为、保护主义、政治等因素的影响，部分企业出现碎片化现象，业务割裂，逐渐形成业务孤岛。此外，部分行业存在业务排他性，其他业务难以与其对接，形成了以行业划分的行业孤岛。数据化使业务更多地在线上运行，以数据流和信息流的形式展示业务核心信息，整合原有的碎片化业务，让业务形成上下游联动发展，促进业务协同化和智能化。

能源生态圈利用优质资源，提升能源行业整体竞争力和影响力，形成包括能源开采、能源转换、能源传输、能源产品利用等多种业务的产业链条。完整产业链是打造高质量能源生态的基础，但由于能源企业业务运营和管理机制差异较大，逐渐形成了企业壁垒，加大了产业链协同难度。事实上，数字化对能源产业链的提升是革命性的，弱化了能源物理层面的壁垒，不同类型、不同特性的物理系统以数据形式连接，形成完备的能源产业链，实现产业链上下游资源共享，促进能源产业协同发展：一是增强透明度，推动整个产业链条业务透明化，吸引更多的用户、企业加入生态圈，不断丰富生态圈能源品类，促进生态圈良性发展；二是提升协同性，促进能源产业从点到链再到面的发展，使不同品类能源协同并进，满足市场、用户需求；三是资源共享，数字化促进信息、知识的快速流通共享，使生态圈企业能够共享数据资源、共享市场需求，促进构建良性竞争的市场环境；四是促进共建共赢，生态圈企业共同建设、维护生态圈的基本功能，促进生态圈良性发展，公平分享生态圈红利，不断提升生态圈影响力。

伴随着大数据、人工智能、云计算、区块链等技术的发展应用，第四次工业革命的浪潮倒逼能源电力企业转型升级，这对能源电力行业的数字化能力有了更高的要求。全要素、全业务、全流程的数字化转型，将能源生产、管理、运营等能力有效集成，推进业务运营管理的在线化、智能化，实现能源电力行业朝着数字化、智慧化方向发展。这一过程中，数据成为不同能源系统之间沟通的载体。数字化正是数据发挥重要作用的变现形式。传统模式往往针对自身业务开展业务管理优化，呈现点状发展，布局相对零散，不具有系统性；数字化促进整个产业链的协同发展，对能源业务优化整合，促进整个业务链条运营管理步调统一，逐步形成产业价值网，整合零散资源，提高能源优化配置能力，进一步提升对市场的响应和适应能力；在产业链基础上逐渐形成行业价值网络，打通横向、纵向业务，使资源更加灵活匹配，助力打造高质量能源生态。

事实上，由于能源电力行业的产品特殊性，与外部企业兼容难度较大。能源企业开展数字化转型的最大障碍在于旧的企业文化难以适应新的发展要求。尽管困难重重，但一些企业仍意识到数字化对于能源电力行业所带来的变革效用，积极探索数字化转型路径，寻求外部合作补强自身力量短板，缩短数字化建设周期。

案例：能源电力企业以需求为导向共建协同创新网络

意大利国家电力公司、法国燃气集团、爱迪生电力公司等企业都与 C3 物联网公司合作开展物联网部署。东京电力公司、爱克斯龙公司等企业与美国通用电气合作开展发电设备资产管理。壳牌等石油企业选择亚马逊为其提供云技术服务。

法国燃气集团构建了名为 OpenInnov 的开放式创新平台征集创新项目，具备可行性的项目由集团基金进行投资孵化。西班牙伊贝德拉电力公司建立了加速器项目，要求员工提交创新想法，并实现项目转化。爱克斯龙公司构建了名为 TechEXChange 的技术创新平台，整合内外部资源，培育创新文化，为内部员工创新技术和业态提供资源支持。

总体来看，能源企业已经开展了一些数字化转型探索，实现行业技术和数字技术的融合，在数据感知和运营优化方面有先进的实践经验，但是对能源数据资源的价值挖掘仍处于较为初步的阶段，商业模式创新仍存在很大的想象空间。能源企业与技术企业合作，可以加快技术部署应用，引入外部新技术新理念。除了外部引入，能源企业还注重内部培育和孵化，通过建立创新机制和容错机制，激发基层创新创业活力。

3.4 本章小结

对于企业来说，数字化转型意味着更多的机遇和更大的调整。互联网企业天生的数字基因能够使它们迅速地适应时代转型的变化，而传统能源企业需要在业务转型中进行更多的投入和尝试，在工业经济的模式中探索数字化转型带来的颠覆式创新。

第一，数字化、服务化成为业务转型的主要方向。能源企业的业务开始从传统的能源生产传输及产品供应向综合能源服务转型。这其中需要利用数据技术的创新应用，精准把握客户的需求，在此基础上，通过数据互联，打破传统能源行业之间的壁垒，为用户提供用能分析诊断、节能方案、设备运维等多方面多类型的能源服务。同时利用先进的人工智能、虚拟现实等技术，在提供服务的基础上，提供更加多样和个性客户的服务体验，最终提升企业营销、运营和服务的成效。

第二，智能化、在线化成为企业业务发展的重要方式。传统能源企业的业务主要以离线为主，许多工作需要依靠人力进行，如设备的维护、状态诊断，甚至于有些较为复杂的生产环节，是属于只有少数人掌握的关键环节。企业通过数字化转型，对生产环节进行智能化改造，实现全过程的在线可监控，能够依据科学手段进行技术分析，提供有效的决策建议，为企业的高效安全生产、协同运行提供了重要的支撑。

第三，平台化、生态化成为企业持续发展的必然选择。由于能源行业属于传统的工业经济发展范畴，具有鲜明的专业特色，不同能源类型以单线条发展为主。而数字经济的发展打破了传统行业之间的边界，企业也逐渐意识到，需要不断拓展自己的业务链条，通过搭建平台，形成开放共享的合作生态，充分发挥利益相关方的价值，实现共建共赢共享。

4

技术提升：技术融合互补助力数字化能力提升

数据技术为企业数字化转型提供了基础准备，已经也必然会成为数字化转型的重要支撑力量，技术成熟度在某种程度上决定了数字化转型的质量。这一波数据技术发展浪潮逐渐形成了技术体系，不同技术在体系中“各司其职”，保证数据价值链完整，让数据以价值形式输出到需求侧，促进数据驱动在业务和管理方面的应用。

以物联网、云计算、区块链、大数据、人工智能等为代表的数据技术在数字化进程中扮演着重要角色。物联网技术拓展数据采集广度，通过数据连接融通的方式实现产业链、企业需求和业务痛点连接，让数据价值由单一维度向多维度拓展。云计算实现资源整合，不同类型数据资源有机会在同一个系统下匹配资源与需求，有效降低企业数据资源管理和计算成本。区块链技术为链上数据提供可信交易和计算环境，实现数据溯源和变动留痕，让数据价值“保鲜”，催生更多的数据价值和数据运营模式。大数据技术与人工智能技术作为引领数字革命的代表性技术，打开了人们对数据的认知大门，不再满足于低维度统计学理念理解数据，而是对于高维度数据价值挖掘和特征呈现有了浓厚兴趣，并为之付出努力。目前，在医疗、交通、航天、金融、保险、银行、能源、政府等很多企业和政府机构都能见到大数据、人工智能的影子，并且应用领域仍在不断拓展。需要注意的是，人们在享受数据技术红利的同时，容易忽视技术应用也有“副作用”，比如数据安全、用户隐私等问题逐渐凸显，这给数据的应用带来了一些困扰。但从整体上，应主动拥抱数据技术带来的优势和劣势，兼顾技术、管理手段让数据技术朝着有利于人类社会的方向发展。

4.1 数据技术内在关联逻辑

数据技术的兴起和发展助推了数字时代的变革，成为了改变生产力和生产关系的决定性力量。人类正在经历从自我控制、自我管理为主的 IT（information technology）时代向大众服务、生产力变革为主的DT（Data technology）时代过渡，大数据、人工智能、云计算、物联网、区块链等技术协同发展，为数字革命提供了动力源泉。数据相关技术的发展相互影响、相互制约，每种技术的发展脉络都能找到其他技术的影子，而技术边界的拓展也不断催生新的技术。数据技术改变了数据的表现形式，也进一步改变了人类对世界的认知。传统思维下，人们习惯于在物理世界中寻找改造事物的方法，采用建模、仿真等方式方法成为分析问题的常用手段。数据时代，人们对问题的定义和分析方式发生了根本性改变，不再需要完全依赖于对物理世界的全悉全知，仅通过数据反映真实世界成为了另一种选择。

（1）数据技术发展的过程是螺旋上升的，技术理论与应用迭代发展，从多个方面保证数据的可获取、可分析、可应用，并逐步形成了完备的数据技术生态。数据感知是数据应用的基础，物联网技术利用传感器、RFID[1]、条形码技术等技术，构造一个覆盖世界、万物互联的网络（internet of things）。在物联网中，事物可以自由交流，实现人与人、人与物、物与物之间信息交互共享。物联网将传感器应用于各行各业，将极大丰富数据采集的深度和广度，为数据资源提供基础保障。但是也应注意到，数据采集的对象往往比较分散，并且计算资源和存储资源分布不均，数据与资源存在不匹配现象。云计算通过整合资源、公用优质资源，一定程度解决了这个问题，减少了资源的浪费。云计算整合可用的硬件、平台、应用、客户、数据等资源，匹配数据需求和计算存储资源，用最小的成本换取尽可能多的价值，达到“物尽其用”的目的，如图4-1所示。同时还应该注意到，数据本身不会“讲话”，数据价值往往较为零散，需要借助算法、工具将数据转化为价值，并且让价值按照一定的逻辑进行展示，才能够发挥数据潜能。

（2）物联网、云计算技术从数据管理角度实现了数据的高效管理、价值

[1] RFID（射频识别）为阅读器与标签之间进行非接触式的数据通信，达到识别目标的目的。

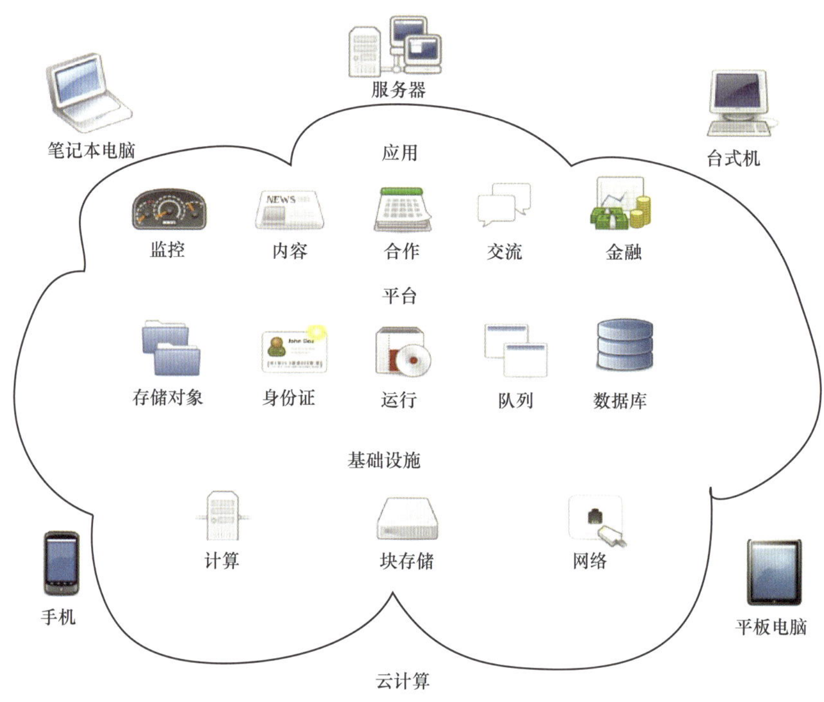

图 4-1　云计算支撑多种应用

“保鲜”和资源整合，大数据、人工智能技术实现了数据价值提取和重塑。数据技术之间有紧密的联系，形成对包括数据采集、数据存储、数据计算、数据处理、数据分析、数据应用等多种环节在内的全流程保障。

图 4-2 所示为数据技术相互支撑关系。人工智能、云计算、物联网等技术的发展：一方面，从算法上支撑更为复杂的场景运算，实现了海量多维度异构数据的深度发掘；另一方面，算力的提升缩短了数据到价值再到知识的生产周期，为更多的复杂算法研究发展奠定了基础。更为重要的是，物联网、云计算等技术保证了数据来源，为后续的分析应用提供了基础材料。因此，数据技术是相互依靠、相互促进的共同体，只有数据技术各尽其职、相互配合，才能保证数据到知识的高效转化，进而更好地推动数字化业务。

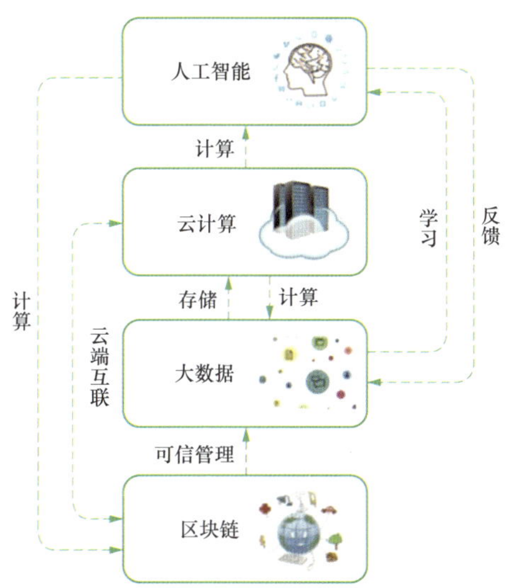

图 4-2 数据技术相互支撑关系

4.2 云平台、云计算、云网业务快速发展

云平台具有规模大、可靠性高、通用性强、高扩展性和廉价等优点，促使其成为支撑企业高质量发展运营的核心技术引擎。当前，无论是科技公司还是传统企业，云平台已成为其发展不可或缺的基础支撑能力，成为其探索新业务、新模式、新业态的重要工具。在能源领域，业务云化已成为趋势，云网业务发展迅速。

4.2.1 云平台发展现状及趋势

云平台已从概念导入进入广泛普及、应用繁荣的新阶段，已成为提升企业信息化、数字化水平的重要支撑。云平台在互联网企业的定位经历了从技术、能力到服务的转变，未来云平台将从服务向公共资源演化。

2000 年之前，云平台被定位为一种新技术形态。被企业当作探索处理海量数据的手段，被视为未来提升企业效率的重要工具。2000～2006 年，云计算被定位为一种企业能力。这种只有微软、谷歌、亚马逊等科技巨头才拥有的能力，主要被应用于企业内部，为内部 IT 系统提供运行环境。2006 年之后，云计算被定位为按需购买的服务。云计算与互联网深度融合，成为传统企业孕育新模式、新业态的主要平台，传统企业纷纷借助云平台实施数字化转型。未来，云平台将被定位为公共资源。作为国内云平台的引领者，阿里巴巴和腾讯已定位成为未来商业基础设施的提供者。云平台将成为培育产业互联网、能源互联网的重要基础设施。

(1) 云平台将成为企业发展的重要战略工具。云平台促进了大数据、物联网、移动互联网等新兴技术与能源、制造、零售、教育、医疗等产业的融合，帮助企业以最小的成本投入实现数字化转型，为企业的创新发展提供了重要支撑。云服务已经深入到了人们生活的每一个场景，融入到了企业生产、运营、服务的每个环节，成为拉近企业与客户距离的重要方式以及社会发展的基本元素。新形势下，无论是互联网企业还是传统企业，云平台将成为其发展的重要战略工具。2018 年，阿里巴巴和腾讯分别启动了新一轮战略升级，均升级了云事业部（群）[1]，标志着云平台逐步成为阿里巴巴和腾讯未来发展的重要战略工具。

(2) 云平台将成为数字经济时代基础设施。云平台将为实体经济高质量发展提供技术条件和历史机遇，对实体经济产生全方位、深层次、革命性的影响。云平台将全面渗透到产业价值链，并对其生产、交易、融资、流通等环节进行改造升级，促进各领域形成丰富的全新业务场景，极大提高资源配置效率，提高产业发展质量。云平台将承载新旧产业的转型升级和创新发展，促进消费互联网向产业互联网递进，成为数字经济时代价值挖掘和共享的基础

[1] 2018 年 9 月 30 日，腾讯启动第三次战略升级，新成立云与智慧产业事业部；11 月 26 日，阿里巴巴启动新一轮架构调整，阿里云事业群升级为阿里云智能事业群，整合阿里巴巴全集团技术升级阿里云平台。

设施。

(3) 云平台与物联网融合将成为未来发展趋势。据调研机构 Gartner 公司预测，到 2020 年，全球物联网设备的数量将上升至 200 亿台，万物互联将成为新的发展主题。物联网的核心是与互联网联接，本质是智能化。云计算作为物联网和互联网融合的纽带，其丰富的计算资源，使数以亿计人和物的实时动态管理、智能分析成为可能。此外，随着边缘计算的兴起，云计算和物联网的连接将更加紧密，边缘计算使云向更靠近物联网设备终端和用户的方向延伸，以满足低延迟、高带宽等新兴业务的需要。

(4) 基于人工智能架构的云平台是未来发展方向。人工智能已成为服务产业升级和经济转型的主要驱动力，人工智能的应用不仅能帮助云平台更加智慧化，也能促进云平台管理运维机制的变革，提高运行效率，为客户带来更优质服务。此外，云平台积累了大量的数据，并拥有庞大的计算资源，具备人工智能发展的天然土壤。云和智的技术叠加，为云资源调度、逻辑处理、安全防御提供了更高的可靠性，让云平台更加坚强；为价值挖掘、商业模式创新提供了更高的可能性，让企业更了解用户需求，从而创造更多价值。从 2018 年开始，亚马逊、微软、阿里巴巴、腾讯等纷纷推出人工智能云平台。

4.2.2 云平台支撑企业运营

云平台是企业高质量发展运营的核心技术引擎。云平台具有能全面支撑企业活动的资源架构、数据架构和应用架构，并通过技术优势赋能创新、提效增益，在数字经济活动中发挥驱动作用。在资源架构层面，云平台能充分发挥资源共享、集约高效、弹性可扩展等优势，可以为各类企业用户在资源应用方面提供灵活多样的方式；在数据架构层面，云平台为数据分类、分层部署等提供了便捷的方式，使数据布局更加合理，能有效提升企业数据开发利用和价值挖掘的及时性、灵活性和准确性；在应用架构层面，云平台为企业应用开发、部署提供简单易用的容器环境，极大缩短新业务上线时间，为企业带来竞争优势。

目前，云平台主要分为两类：**一是以科技公司为主的云平台**，其平台在支撑自身业务需要的基础上，同时向其他企业提供云服务，主要有亚马逊 AWS、微软 Azure、阿里云、IBM、谷歌云等；**二是互联网工业云平台**，其本质是依托云平台，构建面向某一领域的工业解决方案，为其他工业企业提供服务，例如 GE 的 Predix、西门子的 MindSphere、施耐德的 EcoStruxure 平台、三一根云等。无论是科技公司，还是传统企业，云平台已成为其发展不可或缺的基础支撑能力，成为企业探索新业务、新模式、新业态的重要工具。

工业云平台是通过云计算为工业企业提供服务，使工业企业的社会资源实现共享的一种新型的网络化制造服务模式。其本质是以云平台为载体，以工业系统为基础，融合先进制造技术以及互联网、云计算、物联网、大数据等新一代信息技术和产品，通过汇聚跨领域的制造资源和制造能力，根据用户需求，以云化的方式提供优质、及时、低成本的服务，实现制造需求和社会化制造资源的高质高效对接。

案例：施耐德物联网杀手锏 EcoStruxure 平台

施耐德电气是全球能效管理领域的领导者，为 100 多个国家的能源及基础设施、工业、数据中心及网络、楼宇和住宅市场提供整体解决方案。向中国工业用户推出了面向工业领域的 EcoStruxure 平台（EcoStruxure for Industry），平台架构如图 4 - 3 所示。通过这个具备开放性、交互性、全面覆盖工厂及机器设备的平台，施耐德电气将助力工业互联网发展，并重新定义工业领域卓越运营的新标准，最终帮助工业客户简化运营，利用开放性技术实现提质增效。

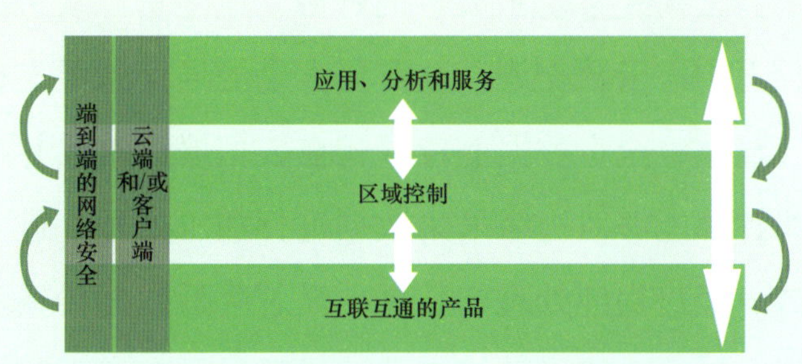

图 4-3 EcoStruxure 平台架构图

基于面向工业领域的 EcoStruxure 平台，施耐德电气在现场同时发布了主要面向 OEM 行业的独特架构——EcoStruxure Machine，该架构将为机械设备制造商和最终用户提供面向物联网和智能设备的数字化解决方案，通过真正的“一网到底”将机器操作和工艺数据无缝集成，并支持快速响应及全面报告能力，从而降低客户的总拥有成本，为机械设备制造的全生命周期创造价值。

4.2.3 云业务快速发展

近年来，伴随我国分布式光伏的迅猛发展，融资难、运维难、结算难、质量问题、安全问题等痛点难点问题也日渐显露。国家电网有限公司把服务分布式光伏发展和精准脱贫攻坚作为重要任务，在扎实做好光伏电站接网和定点扶贫工作的同时，积极利用互联网手段，创新建设光伏云网，为分布式光伏产业发展搭建全业务、全流程综合服务平台。2017 年 4 月，国网分布式光伏云网 1.0 正式上线，至今已累计接入分布式光伏用户 100.17 万户、装机容量 3998.94 万 kW，实现国家电网经营区域分布式光伏用户 100%接入，成为国内最大的“科技+服务+金融”分布式光伏服务云平台。

云业务快速发展带动了云业务模式和商业模式变革创新，云边协同模式逐渐被人们认识。云业务模式存在中心云和多个边缘云，中心云为多个边缘云提供多个虚拟化资源。云模式整合了大量的资源，这些资源从边缘采集，又被几乎完整的传输存储至中心云数据库，这需要大量的通信资源支撑，给通信网络造成了一定压力。显然，全量数据上传模式在数据爆炸时代并不是一种好的数据管理模式。边缘计算能够对边缘采集数据进行加工处理，进而向数据管理机构传输数据价值或者经过提纯处理的数据，显著降低数据传输流量。云边协同模式完美地融合了云计算、边缘计算二者的优势，可在实现数据的全量管理的同时降低管理成本，是未来发展的重要方向。

4.3 区块链构建可信数据计算和管理环境

区块链作为一种新兴技术，为数据计算和管理提供可信环境，可有效解决权限划分和归属问题，在交易场景和信用场景应用潜力巨大。区块链技术应用领域正在从金融向其他领域拓展，例如保险、房产、能源等业务领域都在尝试区块链应用。区块链为能源电力企业业务和管理带来了新的选项，以去中心化为基础营造公平、公正、公开的能源交互环境，吸引更多的非能源企业参与到能源业务中来，助力打造能源生态，促进能源企业高质量发展。

4.3.1 区块链技术发展现状

区块链是一种去中心化的分布式记账系统，可借助密码学原理解决交易过程中所有权的归属和信息不对称问题，有效解决交易过程中的问题。区块链技术为交易提供一种灵活的信息交互环境，平衡不同参与主体权重，保证多种参与主体利益。

区块链技术具有去中心化、去信任、不可篡改等优点，受到投资界、学术界、工业界以及政府部门的追捧。区块链技术是一系列技术的结合，主要包括分布式网络、密码技术、Merkle 树、工作量证明、拜占庭容错协议等技术。区块链技术发展大致经历了三个阶段：区块链 1.0 时代主要突出价值为分布式，功能性应用较少，主要具备的是分布式的数字货币和支付平台的功能。区块链2.0时代，区块链以可追溯、不可篡改等特性形成了信任基础，为智能合约提供了可信任的执行环境，使得合约实现自动化、智能化。以以太坊为例，以太坊是在区块链上实现智能合约的一种技术手段，构建了一个全新的开源项目和区块链平台。随着数字化时代的到来，“互联网+”理念逐渐融入人们的生活，区块链应用逐渐由金融领域向其他领域拓展，满足更加复杂的商业逻辑，区块链逐步走入3.0时代。区块链3.0能够对每一个互联网中代表价值的信息和字节进行产权确认、计量和存储，从而实现资产在区块链上可被追踪、控制和交易。

区块链已经进入快速发展时期，应用领域不断拓展，应用深度不断加强，其效能正在不断显现。为抢占区块链技术和应用高地，国内外相关机构对区块链的理论和应用进行了许多有益探索：

(1) 国外区块链发展情况。世界主要国家纷纷研究区块链核心技术理论，探索区块链应用场景。根据IBM区块链发展报告数据，全球9成政府正在规划区块链投资，2018年进入实质性投资阶段。美国作为区块链技术的前沿阵地，已将区块链上升到“变革性技术”，成立国会区块链决策委员会，不断完善与区块链技术相关的公共政策：美国国土安全部支持用于国土安全分析的区块链应用研究；美国国防部高级研究计划局（DAPPA）则支持区块链用于保护高度敏感数据方面的探索，以及区块链在军用卫星、核武器等数个场景中的应用潜力；2017年，美国至少有8个州提出并研究了接受加密货币或者提升区块链技术应用的法案，并大部分获得了通过。在企业层面，美国电信巨头AT&T已开发出将区块链用于服务器的技术，并部署相关专利布局；纽约州电力公司TransActive Grid提出了基于区块链的P2P分布式微电网络的新能源概念，通过区块链建立微电网网络，提高清洁能源利用率，在区块链上记录剩余的电量并通过智能合约卖给邻居用户。欧盟试图努力把欧洲打造成全球发展和投资区块链技术的领先地区，建立“欧盟区块链观测站及论坛”机制，加快研究国际级“区块链标准”，并为区块链项目提供资金。

(2) 我国区块链发展情况。我国区块链产业正处于高速发展阶段，创业者和资本不断涌入，区块链应用加快落地，助推传统产业高质量发展，加速产业转型升级。中央政府积极从产业高度定位区块链技术，政策体系和监管框架逐渐发展完善：2016 年 12 月，国务院发布了《“十三五”国家信息化规划》，将区块链技术列为需超前布局的战略性前沿技术，应加强基础研发和前沿布局；2017 年 10 月，国务院办公厅对外发布《关于积极推进供应链创新与应用的指导意见》，重点提到，相关企业研究利用区块链、人工智能等新兴技术，建立基于供应链的信用评价机制。各地方政府纷纷开展区块链实践应用，全方位支撑区块链发展。例如，青岛致力于打造中国区块链“链湾”，将建设区块链产业孵化平台、区块链应用测试平台、区块链专项教育培训平台和区块链资格认证平台。广州出台的“区块链 10 条”扶持政策，针对区块链产业的培育、成长、应用以及技术、平台、金融等多个环节给予重点扶持。

在企业层面，2016 年开始，阿里巴巴旗下蚂蚁金服就尝试推出区块链应用，应用于爱心捐助平台等方面。2017 年 11 月，蚂蚁金服与雄安新区签署战略合作协议，承建数字雄安区块链实施平台；2017 年，腾讯推出了区块链平台 TrustSQL，打造企业级区块链基础服务平台，目前已经落地供应链金融、医疗、数字资产、物流信息、法务存正、公益寻人等多个场景。据不完全统计，截至 2017 年底，全国有超过 100 家区块链初创公司，主要分布在北京、杭州、上海、深圳等地，内容涵盖区块链基础设施、征信、供应链、资产管理、专用机设计与销售等。

能源电力行业方面，南方电网公司探索并实现基于区块链的交易数据共享平台建设，实现了数据信息在限定范围内安全共享；国网浙江电力探索了区块链在分布式能源交易中的应用，并实现了实验室级的模拟交易平台，为区块链在能源交易中应用提供了依据。

4.3.2 区块链技术应用领域不断拓展

（1）区块链技术特点。区块链技术作为一种共性的分布式数据库技术，不同研究报告中对区块链技术特点描述措辞都不相同，但以下技术特点已经达成共识：

去中心化（Decentralized）。去中心化系统中没有中介机构，所有节点的权利和义务都相同，任一节点停止工作都不会影响系统整体的运作。

去信任（Trustless）。区块链技术组建的系统中，所有节点之间无须信任也可以进行交易，数据库和整个系统数据信息交互公开透明，信息交互在统一的时间和规则约束框架内进行，从技术和机制层约束节点信息交换行为，节点之间无法欺骗彼此。

集体维护（Collectively maintain）。系统中节点都具有维护系统的权利和义务，由其中所有具有维护功能的节点共同维护。

可靠数据库（Reliable database）。数据区块链环境下信息安全交互，每一个节点都拥有最新的完整数据库复制，修改单个节点信息对于数据库是无效操作，需要半数以上节点同时修改才能够认定为有效。区块链技术具有不可篡改特点，可更好保证数据真实性。

（2）区块链应用效果不断显现。随着技术的进步，应用边界不断拓展，在金融、保险、房地产、供应链金融等领域，区块链的作用逐渐显现，为业务发展提供新动能。

金融领域。区块链技术可以在金融领域的约束边界下，更好地服务于金融业务，推动金融联盟发展。区块链帮助业务流程绕开这些笨重的系统，简化了繁复的业务流程，创建一个更直接的支付流，在国内或者跨国界的资金流通中，无需中介，以超低费率高速完成支付。

案例：区块链技术创业公司 R3CEV 打造金融业区块链联盟

区块链技术创业公司 R3CEV 成立于 2014 年，2015 年由 9 家机构一起成立 R3 金融区块链联盟，3 年时间已经与 100 多家金融机构达成合作。中国平安是首家加入 R3 联盟的中国公司。公司设计 Corda 应用为机构提供分布式记账平台，系统符合银行标准，同步记账、管理机构和合作方的金融协议。这个平台建立在行业标准工具之上，支持多种共识机制。金融机构（银行）在平台上执行交易协议，即区块链中的智能合约，处理应收账款交易和信用证交易。统计 AR 融资占据全球贸易融资的 70%以上，传统的贸易融资大部分基于纸张，使用区块链技术不仅可以提高效率，对防范风险和金融欺诈方面也有很大程度的提升，能降低 10%～15%的运作和合规成本。区块链的分布式记账性质，提供不可修改的交易记录，通过广播方式发散到其他联盟机构，由所有参与者核实，其优势非常多，其中包括减少欺诈风险以及减少和解流程的时间。

保险领域。区块链技术提供了公正的评判标准。区块链具有不可篡改性，如实记录了客户行为和外部相关信息，自动形成具有公信力的保险信息；共识机制保证了保险上链信息的一致性，客户和保险公司能够公正地得到保险信息；智能合约服务架构在保障智能合约安全性的前提下，实现了对智能合约的安装、应用和升级等服务功能，为区块链系统中的认证服务提供了强有力的支撑。同时，以区块链技术为基础的联盟链可构建产业内部的协同联盟，形成信息共享和优势互补，降低保险业务风险。

案例：上海“保交链”构筑区块链保险产业联盟

“保交链”是上海保险交易所于 2017 年 9 月正式推出的区块链保险服

务平台。该平台独立研发了Golang国密算法包，在电子保单存证场景中可以支持每秒五万笔的指纹数据验证上链，并能响应高并发的系统请求。该系统可以广泛应用于保险交易、金融清算结算、反诈骗和监管合规性等领域。据了解，目前上海保险交易所在上线保交链之前已与数家保险机构在小范围内搭建了一条联盟链，由上海保险交易所和9家保险企业组成10个节点，测试区块链在保险业的可行性。媒体曾报道过上海保险交易所的两大业务场景，已经落地的场景包括数字报单与保单质押登记两方面，未来还将有9个应用场景陆续落地。上海保险交易所研发的“保交链”是国内保险大鳄的破冰之旅，这套系统在保险交易、金融清算结算、反诈骗和监管合规性等领域的应用或将成为行业标杆，引领该领域未来的发展方向。同时，上海保险交易所牵头成立的区块链保险联盟内部，向联盟内成员开放区块链底层平台。这将由内而外地打通保险行业的区块链应用，打破供应链上下游禁锢，实现交易资源的数据分享，提升保险业的效率。

房地产领域。传统交易方式不透明，交易双方信任基础薄弱，整个交易过程涉及多个利益相关方，哪一个环节出现问题都将影响交易顺利进行。区块链技术可以让这个过程透明化，增加利益主体之间的信任。由于智能合约技术保障，交易过程可自动执行合同，保证所有环节都完成之后款项才开始转移、从托管中解除或偿还给银行，最终才能实现所有权转移。区块链可以为房屋所有权模式提供保障，帮助打破“要么自有，要么租赁”的传统产权模式，准确记录房屋产权的变化情况并做到产权变化可留痕、可追溯，使产权变化情况更加透明，推动以产权为核心的房屋政策，更好地服务人民群众。

案例：易居“房链”为房地产行业赋能

2018 年 3 月 9 日，易居中国在上海正式发布房友全国门店突破 5000 家暨易居房友管理系统 1.0 上线的消息。在短短 65 天房友激增 1000 家门店，总量突破 5000 家。在房链的系统模型中，一切都可以基于时间戳的链式区块结构、分布式节点的共识机制、基于共识算力的经济激励和灵活可编程的智能合约记录和传递，这就是区块链技术与思维最具代表性的创新点。房链具有以下特点：一是去中心化。以前业主们想买房、卖房，首先要登录相关网站，这就是“中心化”。易居房友模式是“去管理中心化”，即而实现服务的“多中心化”，以全国 5000＋门店为中心，形成“房链”的联盟链，通过互联网信息化技术提供标准化的服务，从而实现过程的透明和高效。二是分布式账本。在不久的将来，易居“房链”将有 5000＋家门店提供房产中介服务，发布房源、寻找真实房源等行业的疼点将得到较好的解决。三是智能合约。上链后的房源将遵守共识机制的电子合约，房源信息不得复制（保证唯一性）、不得篡改（保证真实性），“房链”中的各中介门店通过共享的房源公盘公库，共同为精准客户提供标准化的服务；而所有的用户在“房链”上所发生的任何行为，都会按时间戳被记录。这为后续更丰富的应用场景提供了数据和技术可行性的支持。

供应链金融领域。由于存在一定的行业属性，不同行业供应链金融平台之间竞争性较弱，因此在资产信用评级、企业信用评级以及风控方面的能力将会成为未来扩大资金来源的核心竞争力。区块链技术为供应链金融涉及各方提供了一个大的信用平台，实现各参与主体的信息共享，公平公正地为每一个链上企业提供正确且及时的信息，主要体现在：一是解决信息孤岛问题，打造安全透明的信息管理环境，促进多个利益主体信息互通共享；二是提供可信贸易数据，保留合同、单证、支付等信息的完整记录，提升信息透明度，实现可穿透的监管模式；三是实现资本降本增效，区块链保存企业经营管理行为信息，进一步实现具有公信力的企业信用评估，降低融资成本；四是实现智能清算，以智能合约为基础自动清算，减少人工干预，降低操作风险。

4.3.3 区块链技术为能源电力业务赋能

能源电力行业作为传统行业，业务模式相对固定，产品输出形式单一。在很长一段时间里，能源电力领域参与主体具有超强的中心化特征，形成了天然的资源和行业壁垒。能源革命的到来，许多能源生产者和消费者都是分布式的、动态的小主体，甚至包括一些小型生产企业和个人用户。这些不断增长的能源品类和能源分散数量已经给现有的电网稳定和电量管理造成压力，传统的中心化管理、控制模式面对新形势下的需求已经显得吃力。

区块链去中心化、不可篡改、公开透明等技术优势与电力产业发展需求完美契合，给电力产业发展注入新活力。区块链对于能源电力的基础性支撑作用主要体现在：**一是形成真实可信的数据基础**，区块链对后台技术人员而言是一种分布式数据库，通过区块和链表这样的“块链式”结构，加上相应的时间戳进行凭证固化，形成环环相扣、难以篡改的可信数据集合；**二是建立多用户参与的协作基础**，区块链技术通过数学原理和程序算法，实现了系统运作规则的公开透明，且数据是存储在链上，不可篡改，促使交易双方可在不需要借助第三方权威机构背书下通过共识达成信任，构建起多方参与的协作基础；**三是奠定公正透明的业务执行和价值传递基础**，区块链实现了可编程的、自动实现的合同，智能合约基于不可篡改的数据，自动执行预先定义好的规则和条款，降低了人类语言产生歧义造成的法律纠纷；**四是构建可持续发展的业态基础**，区块链主要是为了降低交易成本（信任成本），扩大市场交易规模。区块链公链采用发行代币的方式，作为参与方的酬劳和激励机制。

区块链技术应用将给能源电力行业发展注入新的活力，成为能源交易市场演变的关键。随着电力市场的打开和不断发展，以及分布式光伏、储能设施等成本大幅降低，电力交易模式正在发生改变，生产者和消费者互动增强，交易参与主体的参与度和活跃度不断提升，电力交易需求旺盛。传统交易往往是集中模式，通过第三方连接能量生产商和消费者，能量交易过程被割裂，且难以建立交易信任环境，交易过程复杂且涉及主体众多。在区块链模式下，能源生产者、消费者可以实现“直接连接”，通过智能合约约束交易活动参与者的行为，保证交易在合理框架内执行。区块链为交易提供低成本可信环境，大大简化交易环节，吸引了更多的能源供应商和消费者参与到能源交易中来。“区块链＋能源”将给能源行业带来革命性改变，激发商业模式创新，提升能源运行和交易安全。

案例：澳大利亚 Power Ledger 建立 P2P 太阳能剩余电力交易系统

Power Ledger 成立于澳大利亚的珀斯，由澳大利亚的区块链软件公司 Ledger Assets 创立。Power Ledger 使用基于区块链的软件构建一个 P2P 的太阳能剩余电力交易系统。不同于比特币采用的 POw（工作量证明）机制，PowerLedger 采用的是 POS（权益证明）机制，区块链由 Ledger Assets 公司开发，名为 Ecochain。

Power Ledger 利用自己的区块链 Ecochain，使得在电能产生的时候系统就能确定电能的所有者，然后通过一系列交易协议完成电能所有者和消费者之间的交易，住户可以直接将剩余电能卖给其他住户，出售价格也高于直接出售给电力公司的价格，电能的生产者获得了更大的收益，电能的消费者也获得了更低的用电成本。Power Ledger 于 2017 年上半年在珀斯市区推出覆盖 80 个家庭的正式版交易系统，这是历史上首个投入使用的 P2P 电力交易系统。

区块链技术在能源交易领域应用只是改变能源电力产业的一个方面。未来，区块链技术将结合大数据、人工智能、5G、物联网等技术，为更多的能源电力业务赋能。图 4－4 所示为区块链技术推动能源电力价值创造示意图，区块链将能源电力业务流程产生的核心关键数据上链管理，以区块链平台为基础，结合多种先进数字技术提取数据价值，为产业赋能，更多地实现产业价值传递，促进平台共享共治。

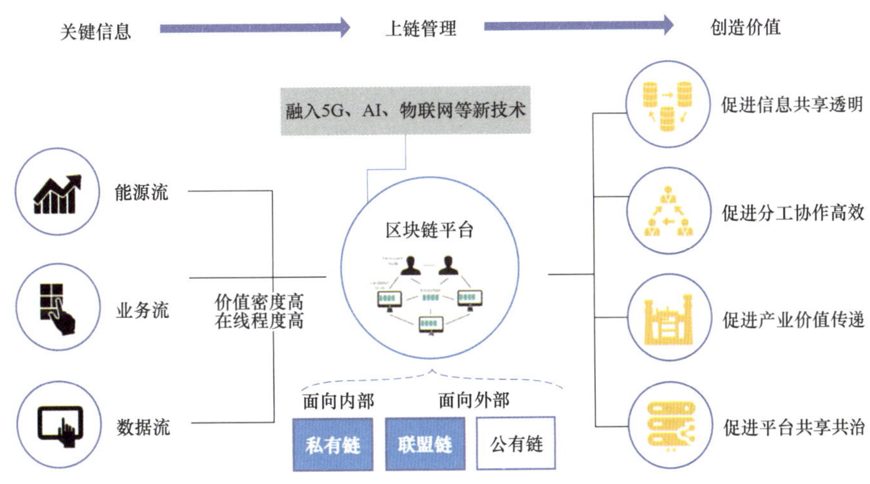

图 4-4 区块链技术推动能源电力价值创造示意图

对电力企业来说，区块链技术主要应用于电网运营与电力交易、企业运营管理、增值服务领域（见表 4-1），可有力支撑电力业务发展，适应新形势下发展需求。

表 4-1 区块链技术在能源电力行业中相关应用场景

融合技术	实现功能	应用场景
增值服务领域	实现信用担保与数据变现	电力资产证券化、跨境支付、数字票据、数据开放共享服务
	发展能源领域的通证经济	能源虚拟货币（如光伏、绿证资产货币化）
电网运营与电力交易	分布式设备的自发组织与自我控制	分布式设备协作、变电站＋充电站＋数据中心站三站合一管理
	多个主体间的点对点交易	分布式能源电力交易、充电桩充电与交易服务、碳排放权交易与溯源、虚拟电厂
	能量计量可信管理	新能源补贴行为识别、能量绩效管理

续表

融合技术	实现功能	应用场景
企业运营管理	对电网设备在线监控与检测	设备故障诊断
	实现数据的不可篡改、可追溯、可辨别	数据资产规范管理、电力财务审计、电力企业对标、电力供应链管理、供应链金融
	降低透过外部系统入侵风险	物联网设备安全

4.4 大数据技术重塑数据价值

大数据技术为数据价值发挥提供可能性。人们对数据的认知不断深化，对数据价值挖掘和塑造能力不断提升，数据驱动解决问题模式正在被人们逐渐认可和接受。

4.4.1 大数据技术提升数据价值

大数据已经不是一个新生事物，各种大数据产品已经深深影响了人们的生活，天猫、京东等电商公司根据用户需求智能推送用户可能感兴趣的产品，为用户提供更好的购物体验；今日头条、抖音等APP分析用户阅读习惯，根据用户习惯和订阅情况推送用户感兴趣内容，让用户获取信息更加便捷；滴滴利用车辆数据和用户数据匹配需求，为用户提供及时准确的车辆服务。数据已经渗透到每一个行业和业务职能领域，并逐渐成为重要的生产要素。人们对数据广泛应用预示着新一波生产效率的增长，也给消费行为带来了深刻影响，推动消费行为从价格消费向体验消费转变。

数据被誉为新时代的“石油资源”[1]，是一种重要的战略资源，而石油有耗尽的一天，数据却会源源不断产生，价值产出持续时间长。在互联网领域，有一个

---

[1] 段鹏飞．大数据时代智库建设的智慧化研究［J］．智库时代，2018，155（39）：187－188.

著名的“网络效应”叫梅特卡夫定律，即网络的价值与网络节点数量的平方成正比。在大数据领域，存在一个“数据乘法效应”，即数据的商业价值等于数据的维度乘以数据的效率，数据的维度越多、效率越高，价值越大。大数据中“大”不仅体现在数据体量大，更为重要的是数据维度“大”。数据维度多从“数据乘法效应”角度意味着有更高的商业价值。从数据科学角度，数据维度多意味着算法将有更多的实现路径，数据价值呈现方式有着更多可能性，更容易满足实际需求。

如果把数据比喻为石油，那么大数据技术就是“炼油厂”。就像石油经过炼油厂转化为石油、液化石油气等产品，数据经过大数据技术处理展现出多重价值，这些价值将被用于不同场景。大数据技术早期浪潮由国外的一些大型科技公司引领，如谷歌、Facebook、LinkedIn 等。这些科技公司十分重视用户体验，从公司拥有的海量用户数据中发现用户需求成为这些公司业务的核心竞争力。这些公司为满足业务需求，开始搭建平台满足数据管理和分析需求。为了更好地吸收技术资源，开源的风气迅速蔓延，大量的新技术与更广阔的世界共享，使数据分析技术发展迅速。大数据的成果不是单一技术可以实现的，而是需要完备的支撑体系，如图 4－5 所示，大数据分析流程包括了数据采集、数据存储、数据预处理、数据查询、数据分析、数据可视化等一系列流程无缝衔接。

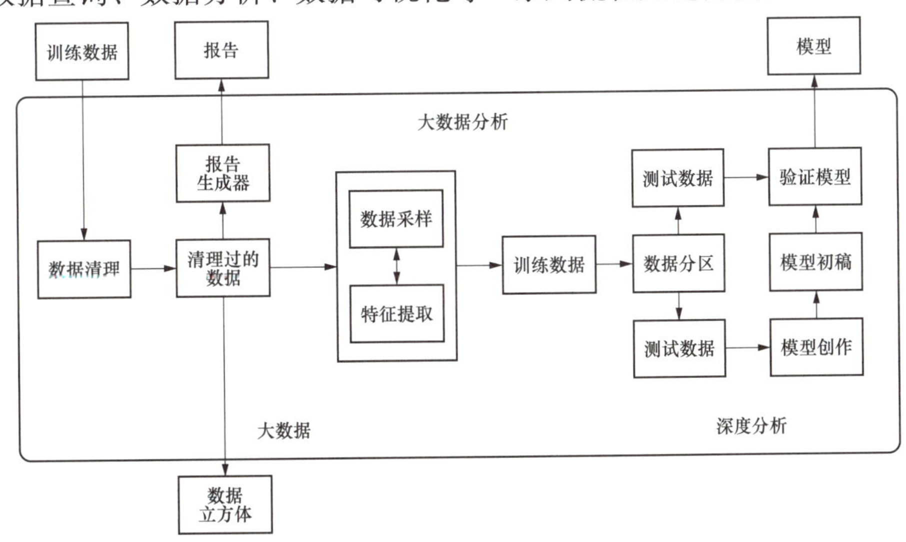

图 4－5　大数据分析流程

大数据技术对于数据价值应用具有决定性影响。因为数据价值往往难以直接观测到，需要根据需求对数据进行深入分析挖掘，将零散的数据价值按照一定的逻辑串联，形成具有实用性的价值体系。而这一过程需要大数据分析技术强有力的支撑。

案例：AutoGrid——电力大数据服务的先行者

AutoGrid 于 2011 年成立于美国硅谷，由前斯坦福大学智能电网研究室负责人 Amit Narayan 创办。AutoGrid 基于其能源数据平台，为电力供应商和消费者提供各种规模的电力消耗预测，使用该预测可优化电网运行，并通过灵活的需求管理计划实现节能减耗。

AutoGrid 的核心为其能源数据云平台——Energy Data Platform（EDP），它创造了全面、动态的电力系统图景，通过挖掘电网产生的结构化和非结构化数据价值，进行数据集成，并建立应用模式，建立定价和消费之间的相关性。通过该能源数据平台 EDP，公共事业单位可以提前预测数周，或只是分、秒的电量消耗。大型工业电力用户可以优化他们的生产计划和作业，以避开用电高峰。

AutoGrid 的客户覆盖发电端、输电端、配电端、用户，可以帮助电网各端匹配电力供应和需求，降低电网各端的成本。AutoGrid 的能源数据云平台 EDP 收集并处理其客户接入智能电网的智能电能表、建筑管理系统、电压调节器和温控器等设备的数据，面向其用电客户提供需求响应优化及管理系统，获取能量消耗情况，预测用电量，结合电价信息实现需求侧响应，生成需求侧管理项目的分析报告，提升客户全生命周期的价值收益；面向电网运营者提供需求响应优化及管理系统，可提供需求响应应对策略，预测发电情况和电网动态负荷，预测电网运行故障，改善客户平均停电时间和系统运营时间，从而实现电网优化调度，减少非技术性损失，降低运营成本。

4.4.2 大数据技术寻求高质量发展

国内大数据产业起步较晚，中国的大数据前沿技术相较领先国家还有一段距离。但我国发展大数据产业具有得天独厚的优势——庞大的用户群。庞大的用户群带来了流量信息，为大数据产业发展营造了良好环境，推动国内数据产业快速发展，推动中国成为全球大数据新的增长极。大数据正在从理论走向实践，从专业领域走向全民应用。经过多年发展，大数据已经基本形成了其特有的文化和应用边界。总体而言，大数据发展应用具有以下几个趋势：

(1) 云计算技术越来越重要，成为发展大数据不可或缺的支撑性技术。2018 年，三大公共云供应商的增长速度接近 50%。2019 年，小型企业和初创企业被主要的公共云服务提供商所吸引，这些企业更加依赖公共云运营商提供的云服务和资源服务。同时，大公司也发现云计算很难抗拒，云计算为公司资源提供高效整合和利用的手段。

(2) 快速发展的物联网网络，拓宽数据来源。数据时代企业或组织将经历比过去更快的数据增长。许多企业需要新技术和新系统，以便能够处理来自物联网部署的海量大数据，并使之有意义。

(3) 预测分析技术逐渐兴起，助力企业更好服务用户。用户在信息、行为、关系等各个层面的数据，都可能成为企业进行预测分析的数据源。毫无疑问，这种策略在帮助分析收集的信息以预测消费者行为方面非常有效，将进一步指导企业采取必要的行动满足客户需求。

(4) 暗数据价值逐渐被发掘。暗数据是指那些未被发掘或理解的数据，暗数据分析主要针对文本形式的原始数据，如文本信息、文件、电子邮件、音频视频文件以及静态图像等，也包括一些现有的被大量存储的结构化数据，这些数据在能源电力行业体量巨大。随着黑暗数据逐渐被重视，可以预期得到更多的价值信息，预测的趋势和周期范围将大幅增加。

(5) 结构化和非结构化数据价值边界逐渐模糊。《福布斯》的一项调查显示，自 2016 年以来，拥有超过 100TB 非结构化数据的企业数量翻了一番，但只有 32%的企业成功地以可行的方式分析了这些数据。随着深度学习算法在更少人工监督的情况下更有能力获得有用的洞见，非结构化数据已经成为大数据生态系统中越来越重要的一部分。事实上，有人参与的系统产生的信息以非结构化数据呈现的占绝大多数，非结构化数据价值提取对于大数据发展具有重要意义。

案例：Apixio 公司整合电子病历改善医疗决策

总部位于加州的认知计算公司 Apixio 成立于 2009 年，其愿景是从数字化的医疗记录中发现并获取临床知识，以改善医疗决策。80%的关于病人的医疗和临床信息是由非结构化数据构成的，为了解决这个问题，Apixio 使用各种不同的基于机器学习的方法和算法处理数据，这些方法都具有自然的语言处理能力。非结构化数据分析可以针对个人进行，从而创建一个患者数据模型，也可以在整个人群中进行汇总，以便对疾病的流行程度、治疗模式等有更深入的了解。

来自 Apixio 技术平台的产品叫 HCC Profiler。该产品的客户分为两类：保险计划和医疗服务网络（包括医院和诊所）。医疗保险是他们业务的重要组成部分，健康计划和医生组织有动机管理这些个人的医疗总成本。为了做到这一点，这些组织需要更多地了解每个人：正在积极治疗的疾病是什么？他们的病情有多严重？对这些人有什么不同的治疗方法？

一个直观的方法是直接访问 80%的医疗数据（除了电子记录和计费或管理数据集中的编码数据）。传统上，为了解这类患者信息，受过阅读图表和编码信息训练的专家必须阅读整个患者图表，搜索与疾病和治疗相关的文档。这是一种费力而昂贵的从病人记录中提取信息的方法，也是一种充满人为错误的方法。Apixio 已经证明，计算机可以使程序员每小时读取的图表数量是手工审阅的 2～3 倍。

另一个好处是，计算机能够发现病人文档中的空白，即在没有近期评估或计划的情况下，将病人病史中的慢性病作为医生标记。这样的差距可能导致对疾病流行和治疗的不准确认识，从而对患者护理的协调和管理产生负面影响。

在大数据快速发展的同时，大数据技术发展的“副作用”也逐渐显现，在俄罗斯涉嫌影响美国总统大选、Facebook 数据泄露等事件出现之后，公众开始意识到大数据可以服务生活，也可以成为一些利益集团达成目的的手段，而人们甚至觉察不到它的存在。“大数据时代，每个人都在裸奔”，大众开始关注隐私安全，开始讨论大数据产生的负面影响。未来，大数据发展将回归理性，不再“野蛮”式发展，更多的是向着服务人类社会方向发力。

4.5 人工智能推动数据智能化应用

深度学习在图像识别领域的突破引领了新一轮人工智能研究热潮，人工智能技术再一次走进人们的视野。人工智能已经在文本处理、语音识别、视频监控、图像识别等领域实现了突破，甚至已经超过了人类的能力，但整体仍处于初级阶段，强人工智能时代仍需时日。

4.5.1 人工智能仍处于初级阶段

以深度学习为代表的人工智能技术不断提升“自己”的智能化水平，不断挑战着人类的认知。从图像识别到目标检测、从围棋到自动驾驶、从文本处理到语音对话，人工智能技术应用领域越来越广阔，处理场景复杂程度越来越高，产生的社会效益也日渐凸显。从 1956 年人工智能概念被提起，到今天再一次掀起人工智能热潮，人工智能经历了“三起三落”，其中不乏专家系统、深蓝、AlphaGo 等具有代表性的人工智能产品。但由于计算能力、认知水平、理论方法等因素的限制，人工智能发展前期始终没有产生革命性产品改变人类生活。随着人类技术能力的综合提升，特别是大数据、云计算、互联网、物联网等信息技术发展，人类具备了泛在感知数据的能力，推动以深度神经网络为代表的人工智能技术的飞速发展，大幅度跨越了科学、技术和应用三者之间的鸿沟，实现了诸如图像辨识、语音辨识、无人驾驶等从“不能用、不好用”到“可以用、很好用”的转变。

革命性技术的发展往往都是伴随着“质疑”成长，人工智能技术亦是如此。质疑论者担心人工智能的“智商”超越人类，发展到不可控，最终给人类社会带来毁灭性打击。霍金可能是最为著名的人工智能质疑论者，他认为：“人工智能的发明是人类文明史上最有影响力的事件，也可能是最糟糕的事件。我们不知道人工智能会帮助人类、护理人类、让人类进步或者是彻底摧毁人类。”事实上，质疑论者担心的结果可能会存在，但当人工智能“智商”发展到与人类“抗衡”的阶段，人类所掌握的其他技术一定能与之“制衡”。从另外一个角度，人工智能当前仍处于初级阶段，仍依靠人类的指导实现人类的既定目标，距离质疑论者提到的“全面超越人类”阶段还相距甚远。

人工智能大致可以分为专用人工智能和通用人工智能。专用人工智能面向特定任务，模式单一、目标明确、边界清晰、领域先验知识丰富、建模相对容易，AlphaGo、图像识别都属于专用人工智能的范畴。通用人工智能是人工智能发展的高级阶段，能够从多维度信息中发展核心特征，具有对复杂问题的整合处理能力。通用人工智能仍处于初级阶段，在深层智能和自主推理方面能力有限。即便是这样，人工智能带给人类社会的改变和冲击是巨大的，必将深深影响并改变人类的生活。

4.5.2 人工智能提升行业智能化水平

人工智能技术为能源电力行业提供了全面的智能化问题解决方案，有效降低了能源电力企业管理经营成本，提高了生产效率，增强了对能源用户的服务能力。人工智能将有力推动能源电力转型，能源生产和消费模式变革，在分布式能源资源出力精准预测、电网调度智能化、电力配电网规划等场景都能看到人工智能的身影。此外，人工智能与其他技术的叠加、融合使其技术体系更加完备，对于复杂场景的适应能力更强，例如人工智能与区块链技术结合可构建能源供应商和消费者的信任网络，促进能量市场化交易。人工智能对于能源电力行业带来的改变主要有以下几个方面：

（1）人工智能推动能源电力降本增效，推动能源电力产销环节简约化。人工智能技术可从全局角度掌握企业运营情况，深度神经网络、图像识别、多维数据统计等技术方法重塑数据价值，用数据驱动业务流程在线化、智能化。早些时候，NEXTracker公司在太阳能跟踪器中使用机器学习算法，将产量提高多达6%。除了可再生能源发电领域，在发电侧和用户侧，人工智能也在逐渐改变原本面貌。例如，西门子使用人工智能算法提高燃烧效率，减少排放，降低燃气轮机磨损；EDF Energy利用机器学习预测第二天负荷需求，使热电厂节能超过15%。

案例：人工智能数据监测帮助客户控制能源成本

利文斯顿能源技术储蓄公司（Livingston energy technology savings corporation，ETS）是一家能源技术、行为管理和智能建筑服务提供商。该公司正在推出基于人工智能的技术，以帮助业主将他们的建筑运营数据转化为有价值的收入来源。ETS将其人工智能解决方案推广为智能建筑人工智能平台，这是一套用于建筑运营和能源管理的综合移动软件。

数据分析能力可以确保建筑物充分利用公用事业收费等级，以适应建筑物的使用特点。在美国东北部，批发电网联盟PJM Interconnect利用夏季几个月的时间分析使用数据，为大型建筑用户建立基本的能源账单。在

PJM 测量建筑物使用情况的具体时间内，能够降低建筑物的总电力负荷，有助于降低每年的电力成本。

在泽西城，ETS 已经在罗塞兰德的摩纳哥双子星 50 层大楼安装了“物联网”传感器，其中包括露天停车场。门口装有温度和运动传感器，用来监测打开的门是否会降低温度，使立管暴露在冰点中。

ETS 的客户已经将该平台推广到东北和西海岸的 186 栋建筑。目前，SmartKit AI 用户代表了大约 6000 万平方英尺的商业和多户住宅建筑和 50MW 的电力负荷。SmartKit AI 的移动软件套件提供实时数据透明度、监控、预测分析和数字管理工具，可将能源和运营成本降低 10%～20%。

由于人工智能的存在，使得能源电力产业上下游联系更加紧密，互动更加灵活、频繁。伴随着深度学习、自然语言处理、模式识别等模型、技术的发展和应用，人工智能对于特定场景下的复杂问题已经有具备较高的处理能力，推动以数据支撑业务运营和管理，简化业务流程，提升业务在线化智能化水平。

（2）人工智能助力能源高质量发展，助力能源清洁化进程。能源正逐渐向着清洁化方向发展。在发电侧，以太阳能、风能为代表的新能源发展迅速，渗透率不断提升，经济效益和社会效益逐渐显现。在用电侧，用户参与电网运行、管理行为越来越多，电网与客户的互动性增强，客户对于高质量服务的诉求也日益明显。但传统的以因果逻辑为主的电网运行、管理模式难以适用于新型电网需求。人工智能依托于能源电力运营管理产生的海量数据，用数据价值指导解决实际问题，同时为用户提供更好的服务。

人工智能可以充分利用人类已知的经验知识，并以此为基础探索新领域新知识。用户侧，人工智能可以帮助用户合理规划指导用电行为，降低用电成本；发电侧，可以提升能源的利用效率高，提升发电企业精益化管理水平。更为重要的是，人工智能有能力整合资源，助力打造能源业务和智能化高质量能源发展环境。

(3) 人工智能技术推动电网企业业务智能化发展。人工智能为电网业务赋能，辅助电网安全运行，稳定控制业务更加智能化，为电网工作人员提供更好的决策支撑，助力智能电网发展。同时，人工智能技术助力实时监控电气设备状态，及时反馈分析结果，有效减轻人工巡检负担，提高工作效率，降低由于人为因素导致的疏漏甚至是错误，最大限度消除安全隐患。

4.6 数字技术融合互补发挥最大潜能

当前，新兴数字技术不断涌现，正加速与经济社会各领域深度融合，成为促进我国经济社会转型、构建国家竞争新优势的重要力量。单一数字技术在专业技术领域应用广泛，为解决行业痛点、突破技术壁垒发挥了不可替代的价值，但是数字技术更高层次的价值发挥依赖多种新兴技术的融合创新。通过优势互补，搭建全方位、高水平的技术生态，拓展技术应用的边界，充分释放数字技术的潜能。

无论是在消费领域，还是在工业领域，数字技术融合已成趋势。零售行业开始云计算、大数据、人脸识别、虚拟现实、增强现实增强线上购物体验，拉近线上与线下的距离，重新定义传统零售业。汽车行业综合运用云平台、车辆网、人工智能、自动驾驶等技术，重塑汽车行业生产模式和商业模式，加速汽车产业产品定制个性化、服务互联网化。制造业纷纷集成大数据、人工智能等技术打造工业互联网平台，充分释放数字化潜能，提高生产效率和产品服务能力。在能源行业，众多企业也开始采用包括人工智能、无人机、机器人、传感器与区块链技术在内的大量新兴技术，优化产业布局，推动生产经营过程自动化、智能化，提高生产能力、利润、安全性与效率。

案例：ABB 集成多种数字技术打造 ABB Ability 平台

2017 年，ABB基于云平台，集成电力设备、工业机器人、传感器、实时控制技术和人工智能技术推出了工业互联网平台 ABB Ability，探索将数字技术与其在电气自动化设备制造等领域的专业优势结合，向全球领先的工业互联网公司转型。平台架构见图 4-6。

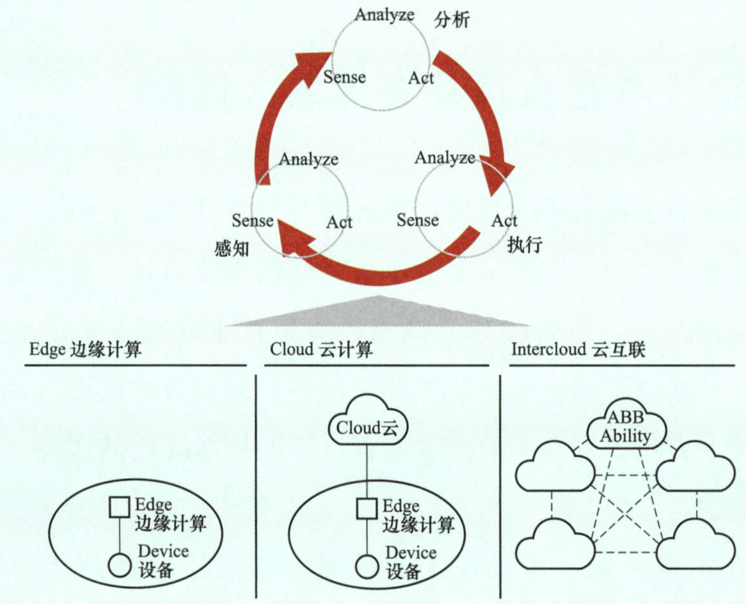

图 4-6　Ability 平台构架图

ABB Ability 平台由 Ability Edge 和 Ability Cloud 构成。Ability Edge 主要基于物联网设备实现数据采集，通过 Ability Edge 内置的数据模型进行预处理，并传输至云端。Ability Cloud 是基于 Microsoft Azure 云基础架构及其应用服务，通过大数据分析技术与人工智能算法，形成智能化决策与服务应用。目前 ABB Ability 平台主要应用于采矿、石化、电力、食品、水务、海运等领域。

美国电力公司（AEP）借助 ABB Ability 平台，实现设备参数的实时监控和设备预测性维护。公司高压设备运行、维护风险降低了 15%，设备寿命延长了 3 年，维护成本降低了 2.7%，设备维护效率提高了 4%，维护策略成效提升 8%，有效降低了设备维护成本。

4.7 本章小结

本章从技术角度分析数据技术对数字化能力建设的重要推动作用，分析阐述了云计算、区块链、大数据、人工智能等技术的发展现状和对数字化的推动作用。数据技术始终是数字化发展的驱动力量，数据技术的发展水平某种程度上决定了企业数字化能力的上限。

第一，云平台、云计算为数字化企业广泛互联提供基础支撑。云相关业务越来越受到企业的重视，云相关业务实现了业务和数据的整合，跨越了地域和时间的限制，在一定范围内实现了数据和价值的共享，为数据分析和应用提供底层支撑。

第二，区块链为数据“保鲜”，推动能源电力业务根本性变革。区块链从技术和机制两个层面为数据交互提供了可信环境，保证了数据可追溯、数据变化可留痕，实现了链上数据价值“保鲜”。区块链技术为能源电力行业提供了一种新的分布式管理模式，让能源生产者和消费者直接互动，提升能源产销效率。区块链让能源电力企业价值传递更加安全，促进能源生态高质量发展。

第三，大数据、人工智能技术由单一规模发展转向多维高质量发展，对数字化推动效益日益显著。大数据、人工智能技术保持强劲发展势头，人们不再只关注技术本身的发展，技术需要的外部因素也逐渐走入人们的视野，例如法律法规、数据安全、用户隐私、应用边界、效益分析等。此外，大数据、人工智能更加注重发展质量，技术发展方向更多体现服务的理念，回归到为人类服务，技术更具“人性化”。

第四，数据技术融合发展，更好发挥技术效能。单一数据技术智能解决一个领域或者几个领域的问题，面对系统性问题往往无从下手。当前企业面对的问题多是复杂性问题，涉及交叉学科知识，一种技术往往难以满足需求。数据技术融合体现了系统性思维，是零散数据价值合理拼接的重要基础保障。数据技术融合体现了数据融合互补，让技术在“熟悉领域”发挥最大效能。

5

转型评估：企业数字化成熟度指数构建及应用

在数字经济时代，利用数据驱动经济发展已经在短时间内创造了巨量的财富，以平台、数据能力构建为中心的企业，占据了绝对的优势。成熟的数字化企业不仅构建了大量数字化技术基础设施，还以构建平台影响力为核心，强化与平台用户之间的在线互动，成为优化供需关系、促进交易达成的必要一环。新兴的科技型公司提出“互联网＋”的模式，借由数字化技术与平台的优势，在数据驱动的新动力加持下，赢得了市场的青睐，这些新兴的竞争者背靠充足的风险投资支持，拥有高效的技术手段进行商业数据的搜集、处理、分析、应用，借由量化和管控风险，制定灵活的市场策略和产品策略，并逐步对其他行业进行跨行业业务扩展。

本章关注典型企业数字化转型阶段成熟度的评估，意图发现不同行业对数字化转型在阶段目标与战略认识上的异同，以数字化应用相对落后的能源行业、正在快速转型的智能制造业、数据成熟应用的金融业、数据应用生态丰富的零售业为主要分析对象，从宏观上关注不同行业实际影响要素、大型企业数字化成熟度评估理论、实际数字化成熟度评估案例进展，从多维度影响因素入手，考虑数字技术、支撑管理、战略、支撑业务、商业模式及生态发展、数据管理及应用、文化、人才、信息安全、资金 10 个维度综合评价企业数字化成熟度。

5.1 典型企业数字化转型成熟度分析

当前，电力、石油、煤炭等能源领域的企业间正面临精益化管理与数据开放的企业管理变革，以数据为新驱动力的时代正在迫使能源行业业务与技术的加速迭代转型。作为回应，大多数企业现在流行定期扫描新技术和专利，以便在基于数字化技术的新兴竞争者变得成熟之前采取优势行动。银行和保险等金融业正在进行主动防御，到目前依旧受到法律障碍的保护，这些障碍使得新进入者难以迅速获得全面颠覆式动作。但是金融业正在受到金融科技型公司的严重冲击，金融业的竞争赛道也从之前熟悉的套路（利差）走向科技、走向用户精准营销以及区块链技术背景下的流程精简。零售业已经面临互联网科技公司的激烈竞争，使得传统零售商在技术、商业模式、人才、市场、资金等各方面都受到严峻的挑战，不得不开展数字化转型并对转型成效展开评估。

5.1.1 能源行业

以“大云物移智”（大数据、云计算、物联网、移动互联网、人工智能）为代表的新一波数字技术浪潮席卷各行各业。在能源领域，由于能源类型的逐渐丰富、环境要求的逐渐严格、消费与供给需求关系日益复杂，以及数字技术对行业的加持与革命性变化，都引发了企业按传统运营时，经济效益和行业竞争力的巨大压力，能源行业成为最易受未来颠覆性变化影响的行业之一。据预测，未来 20 年成熟能源市场的发展速度都将低于 GDP 的增速，从需求端带来的影响会尤为显著，消费者比以往任何时候都更加具有能源意识，并且开始寻找开放、协作的全新体验和更具吸引力的价值主张——数字化转型。

虽然能源行业曾经是数字化技术应用的领先者，但目前相对其他行业已处于落后状态。由于能源行业本身具有相对完整封闭的产业链，能源企业生产流程受极高的行业安全标准管控，国家能源政策的高要求和严约束，使得行业数字化转型驱动力不足，且存在安全风险。能源行业近两年在数字化行动上相对保守，进入该行业的风险投资较少，企业运营效率普遍欠佳，并且市场呈现出了紧缩趋势。

能源行业的数字化转型尚未探索出普遍适用的模式。但是，作为转型核心能力的数字创新能力，无疑将助推电力、油气、煤炭、风、光、水等能源企业把握新时代的种种机遇，迈向卓越经营、提升企业核心竞争力与价值的新阶段。为明确企业数字创新竞争力水平，深入开展数字化转型下创新业务模式价值分析，辅助企业战略决策，必然需要开展企业数字化阶段研判评价，即数字化转型成熟度评价。

能源企业开展数字化转型成熟度评价，是能源企业领导者、行业专家把握企业数字化转型进程，辅助企业数字化转型决策，实现高度成熟、高确定性、经过量化的数字化行动和技术落地的必要路径。

针对能源类企业数字化转型成熟度评价，埃森哲公司认为应特别分析行业价值与社会价值，行业价值聚焦价值的增长与价值迁移，社会价值更关注对客户、社会、环境的实际影响。图 5-1 以石油天然气行业为例分析企业数字化转型所带来的潜在价值。

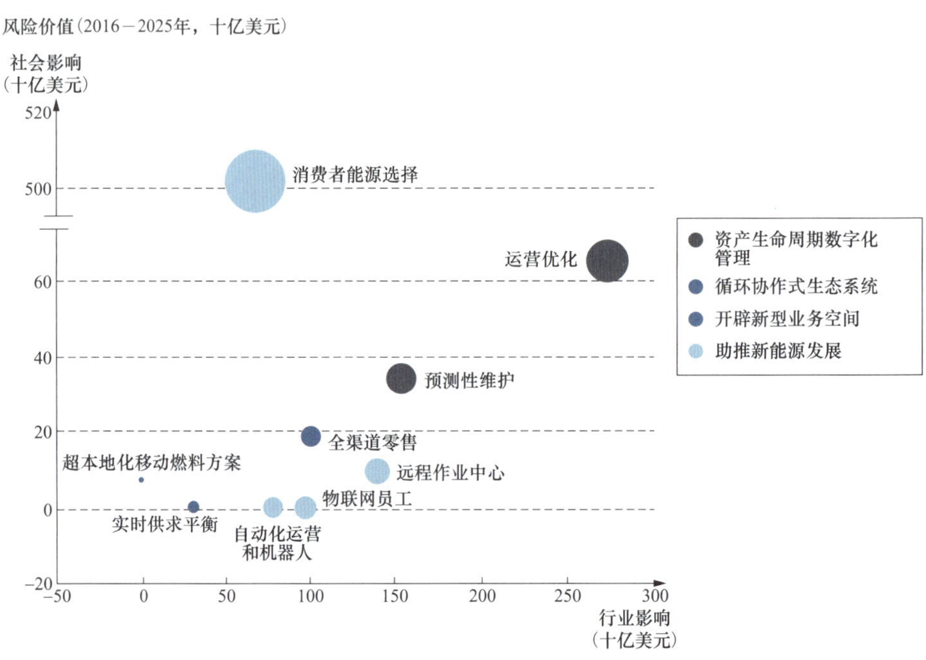

图 5-1　数字化行动和技术对石油天然气行业及社会带来的潜在价值

（一）行业价值

行业价值包括两项要素：**一是数字化举措将对行业运营利润产生的潜在影响（价值增长）；二是运营利润将会在不同的行业参与者之间切换（价值迁移）**。为了具体估算其影响，在分析时将该行业进一步细分为上、中、下游三大类别。

（二）社会价值

为社会创造的风险价值包括三项要素：客户、社会和环境。每项要素的测量方法如下：对消费者的价值影响是通过节约成本和时间、提供折扣，从而带给客户的潜在收益（B2C 领域）；对社会的价值影响是数字化举措对生产率增长、就业、减少工作场所伤害和事故的影响（包括财务和非财务两方面）；对环境的价值影响是对气体（二氧化碳、二氧化硫、氮氧化合物及一氧化碳）排放、水资源消耗和污染泄漏的影响。

行业与社会这两方面的价值，具体体现在企业管理能力的构建，包括：资产生命周期数字化管理；循环协作式生态系统构建；开辟新型业务的空间；助推新能源迅速发展的能力；总风险管控能力。

案例：哥伦比亚管道集团利用风险价值测算方法评估数字化转型成熟度

总部位于美国的哥伦比亚管道集团（Columbia Pipeline Group），运营着超过 15 000mile 的州际管道，如今安全日益成为管道运营商们对其数万英里管线实施实时和远程监控的重要考虑因素。

为实现对经营区域设备的数字化管理，哥伦比亚管道集团与埃森哲和通用电气（GE）合作，开发了用于天然气运输的智能管道技术，整合了不同来源的数据，包括地理信息、工作管理系统、控制中心、呼叫系统和外部数据来源，如国家海洋和大气管理局、美国地质调查局。在消费端，智能技术使该公司的用户能够用不同方式检查数据，迅速确定关注区域，评估威胁和响应对策。该公司数字化管理系统将帮助管道运营商对资源应用的各个最佳地点作出优先排序，开展风险控制，将不可预知事件的可能性降至最低，实现管道资产实时数字化管理与应急处置，在极大控制公司、用户设备直接损失的同时，其环境价值预计将减少约 3.5 亿 t 的二氧化碳排放，15 万 t 二氧化硫和 20 万 t 氮氧化物，降低生产及运输过程的漏油量分别约 5.4 万桶和 6.5 万桶。

哥伦比亚管道集团公司聚焦数字化转型中的资产全周期数字化管理与安全防控以及风险价值的开发，在实践中，主要体现在：一是数字化手段降低了设备损坏的经济损失和环境污染的危害；二是全面提升了用户对生产全流程的感知能力，从结果来看，该公司评价数字化转型的成果在行业价值上为客户提供了更全面的产品、技术、信息服务；三是在社会价值上，以大幅减少对生态环境的污染为主线，更具深远的意义。

可见，能源行业当前是一个安全风险管控、环境保护极其严苛的行业，产品相对单一、数据贯通程度极低是能源行业进行数字化转型的痛点。对此，能源行业更加关注的是数字化转型基础设施的建设，将数字动能的开发列为核心工作，对于个体的个性化需求，则面临较大的挑战，从销售端传递而来的是一个动态化、持续化的过程，无法一蹴而就。企业必须采用务实的变革方法，并且持之以恒、循环推进地重视环境价值，应打破用户对相对封闭的能源传统的服务简单、产品单一的印象，树立起以高科技为手段、以数据为动能、追求多元服务、敏捷响应客户需求的新型能源科技服务企业形象。

5.1.2 制造业

制造业的特点与互联网和信息技术不一样。**一是复杂性**，上千万个零部件的制造过程要求专业知识、技能的精密配合；**二是封闭性**，长期以来制造业是一种垂直型的生产组织，行业内具有多种模型进行支撑，这与电商、物流的开放平台完全不一样；**三是资产的专有性**，制造业以企业重资产为主的模式，很难像互联网行业的轻资产模式那样具有高灵活性和低风险性，无法轻易实现对风险的控制；**四是长周期性**，制造业无论是产品的开发、资产的循环还是技术的更新，它的周期都是非常长的，迭代速度和软件、互联网的速度是不一样的，所以需要把握制造业自身的特点，同时又能找到和数字化一个很好的结合点；**五是企业转型意识不强，**企业发展惯性思维严重。

案例：德国凯撒空压机公司从销售空压机向提供空气压缩服务的转型

德国凯撒空压机公司始建于1919年，最初以加工机械为主营业务，而今成为德国最大的也是最成功的空压机制造商。

首先实现产品的数字化，使产品本身成为一个CPS系统（具有通信、计算和控制能力），并在此基础上，建立监控产品运行的线上网络平台，对产品运行状态进行实时监控，进而对可能出现的故障进行预判以及维护。

随后进行商业模式的数字化转型，采用按服务绩效付费的全新模式，从销售产品转向销售产品使用的服务。该企业通过不断引进新的技术、管理、销售模式，深化数字化成熟度，表现在以下几点：一是建设数字化云平台，实现数字化管控，监控产品运行状态；二是实现产品与服务创新，对现有产品服务进行数字化改造升级；三是推出基于数字技术的新商业模式，以服务为主要销售内容；四是使用分析作出更好的预测性决策。

在数字化转型成熟度评价标准下，凯撒空压机公司通过运用数字化技术实现智能制造和产销监控，并选择以销售产品向销售服务转型作为个性化突破口，成功实现了企业的数字化转型。

未来以大批量生产、低成本取胜的劳动密集型产业逐渐由中国外迁到东南亚，留下的就是以小批量、定制化的柔性制造为主的产能。

5.1.3 金融业

麦肯锡公司[1]提出金融业数字化建设与成熟度的评估主要围绕从战略、技术、组织人才三方面进行评价。在战略上，数字化转型措施与统一战略的契合程度是评价的重要标准。在技术上，购置或开发知识和技术向生产经营的利润转变是评价的重要标准。在人才组织上，调和不同行业背景的人才共同工作形成合力，是转型过程中评价其阶段的重要标准。

案例：国信证券数字化转型聚焦核心交易系统升级

中国十大证券公司之一的国信证券，一贯重视信息系统的建设和发展，并将数字化转型视为企业未来发展的关键战略。作为国信证券的业务核心，其证券交易系统面临着巨大的数据管理压力，为了更高效地应对交易数据短时间内高容量、高并发的业务需求，同时提升系统安全稳定运行的能力，国信证券在经过了一番谨慎的对比之后，国信证券与微软开展合作，利用 SQL Server2014 对交易系统进行全面升级。

国信证券的集中交易系统由总部数据中心、全国节点与若干集群组成，核心交易系统主要分为 3 个区域。这次大规模升级实现了 SQL Server2014 与原有 SQL Server 产品之间的无缝升级，集中交易系统的可靠运行完全未受影响。新版本的 SQL Server 2014 不但带来了数据库性能的革命性提升，而且加入了 Always on 功能，具有更佳的高可用性；对 IT 部门而言，SQL Server 2014 提供了更便捷的管理性能，投入更少的精力，就能确保系统运营；同时，由于加入了 PowerBI 等数据可视化工具，企业

[1] 麦肯锡公司是世界级领先的全球管理咨询公司，公司的使命就是帮助领先的企业机构实现显著、持久的经营业绩改善，打造能够吸引、培育和激励杰出人才的优秀组织机构。

还能在发掘数据洞察方面进行更多的技术创新，全面加速其核心业务的数字化转型。以微软智能云 Azure 为运行平台，以区块链的去中心化架构为基础，打造出了一款融合数据挖掘、区块链、生物识别、机器学习等前沿技术的“云棱镜”系统。通过整合政府公开数据、运营商数据、互联网企业数据、业务渠道数据等数据源，这套系统能为互联网消费金融机构提供个人在线征信数据和报告服务，并能提供开放 API 对接和反欺诈模型分析等服务。

在金融业的数字化转型实际过程中，既有工、农、中、建四大国有银行与京东、百度、腾讯、阿里巴巴的合作，也有以科技公司主导，为南京银行提供完整的 IT 资源输出及 IT 基础设施运营服务，以及为国信等证券公司打造新型前沿技术系统、重塑业务流程的案例。

金融领域的数字化转型根本是对风险的进一步精细控制，以谋求潜在的市场延伸价值、全新的风险投资机会、牢固的客户信任度，最终转化为净资产收益率。金融行业的数字化转型成熟度评价的开展，除了必须综合考虑共性的问题，诸如行业或企业的战略、新业务模式、新技术应用、人才及组织，更应该深挖金融领域的进行数字化转型中最具差异化的风险控制的需求。领先的金融数字化转型企业正在积极适应“互联网开发模式”的冲击，并对“场景化创新”“小步迭代”“快速上线”这样的产品开发模式加以借鉴，以客户视角重新定义业务流程，率先将改善客户体验作为战略要地，从生态圈建设，端到端流程再造，场景化、数字化产品创新，客户全渠道体验，数据分析能力获取，精准营销与控制，敏捷创新与迭代运营，数字化专家队伍建设的程度进行综合评价。

5.1.4 零售业

德勤提出了零售业数字化成熟度模型，从数字化程度、数字化转型管理、数字化转型驱动力的三大维度、十项指标评估企业的数字化发展现状和目标。通过调研显示，零售业实施的数字化转型时期，其企业经营全渠道触点与核心流程数字化的转型成效，将是开展数字化转型成熟度评估的重中之重。

（一）数字化程度

(1) 核心流程数字化。通过数字化技术对企业、客户、门店、陈列、价格、营销、商品、采购、服务和后台财务、人资、风险等流程进行改造升级，实现信息集成，提升作业效率。

(2) 数字化客户和一致精准体验。在跨触点的个体客户行为和需求单一视图基础上，融合全渠道各个触点的优势，在客户端到端的营销、体验、购物、评价等体验环节，通过社交和物联网驱动等手段，主动识别单个客户需求，设计、创造和传达公司品牌、产品和服务。

(3) 全渠道触点和内容。按照生活场景创造、联盟、融合和优化客户全渠道触点，包括网页、机器、自有设备（BYOD）[1]、移动端、数字化门店、数字化产品和服务、联盟服务等，从内容全生命周期管理角度内部开发授权和管理实体、移动、视频、产品和服务等触点的数字内容资产。

(4) 数字化商品和服务。在对商品和服务进行数字化管理的基础上，赋予现有商品和服务数字化特性，并联合开发创新数字化产品和服务，在全渠道触点各个环节构成与消费者的持续性的链接，通过数字化技术对商品选择、上架、结构优化等进行展现、实时分析和持续性实时改进优化。

(5) 数字化供应链。基于数字化平台，构建数字化供应链网络，通过数字化技术记录、分析商品采购到交付的端到端数据信息，持续性优化联合设计、新品测试、库存优化、物流透明、质量追溯，改进内部和外部仓储和物流网络，优化和创新供应结构和生态关系，保持快速高效供应。

[1] BYOD（Bring Your Own Device）指携带自己的设备办公，这些设备包括个人电脑、手机、平板等在机场、酒店、咖啡厅等，登录公司邮箱、在线办公系统，不受时间、地点、设备、人员、网络环境的限制，BYOD 向人们展现了一个美好的未来办公场景。

（二）数字化转型管理

(1) 数字化转型战略。探讨业务和技术的融合对商业模式的创新的影响，明确数字化技术对创新商业模式和运营模式的驱动，明确目标、投入、计划、组织、变革管理和绩效指标，商业模式迭代与数字化技术演进同步，通过提前布局和迭代方式对效果进行循环监控，最终形成规模。

(2) 领导力和变革管理。跨公司内不同层面和不同部门识别和挖掘数字化转型驱动者，从公司层面形成统一数字化领导力组织推动公司内部现在进行和未来的转型活动。

(3) 数字化平台运营。通过物联网等数字技术从触点、交互活动等方面采集、整合内部和外部数据，通过挖掘和标签等工具进行各类分析，支持和持续优化交互、体验、商品和供应等数字化过程，并通过云等新兴技术路线进行部署，并推进合适的信息安全措施。

(4) 人员数字化基因培育。建立能对变化自适应、快速交互、数据驱动的组织，培养迭代式学习能力，建立内部和外部人员能力和技能生态系统，能够按照需求通过不同的方式快速定位和获得转型所需技能和知识。

(5) 生态系统构建。对内构建内部员工创新生态系统，对外构建完整、合适的外部资本、技术和技能等生态关系，支持业务模式的创新和运营的改善，具备完善事业共建、利益共享的外部多边合作关系。

从实践来看，数字化推动消费个性化、体验化，为零售行业转型升级和增长动力的转换提供了机遇与空间，同时也使得行业传统生产方式的转型任务显得紧迫且艰巨。数字化无疑是打赢这场“战争”的重要利器，如何运用数字化手段助力企业转型、给客户创造价值已经成为热门课题。

从实体形式来看，便利店业态各项数字化能力基本都超过平均水平，其中人员数字化基因培育和核心流程数字化两项指标高出平均水平约19%；百货整体和平均水平较为接近，其中领导力和变革管理能力较为突出；商超在数字化商品和服务、全渠道触点和内容两项能力指标超过其他零售业态，这与商超近年来加强对商品的管理，并积极试点线上业务、打通线上线下渠道的举措有关。

案例：全家提出“人货场+时”理念，连锁便利店通过打造 OandO 模式，保持 7 年 9%销售增速

全家（FamilyMart）以提供消费者一个 24 小时、体贴入微的便利环境为最高使命，运用分布小区、商业街、学校、医院等商圈店铺，提供消费者各项生活服务，包括代收公用事业费、复印、照片冲洗、预购等服务。这些都为顾客带来便利性。

基于“人货场时”全新理念，我国的全家在实体门店附近叠加智能贩卖机和变形货架，借大数据和智能技术满足更多时段、场景的消费需求。三者共用物流和供应链，减少人力、物流成本和损耗。有别于一般的自动贩卖机，智能贩卖机采用全温层设计，消费者不仅能买到常见的饮料和零食，还可以买到全家连锁店特色的鲜食。借助互联网和大数据技术，智能贩卖机打通集享联盟会员系统，支持会员积分兑换、支付宝和微信支付。未来还可进一步向会员推送消息，展示广告信息，实现会员互动。

从上述案例中，零售商品牌已经融入了互联网化的经营理念、线上线下的全渠道布局、零售与创意设计各方环节的深度融合、供应链的整合，成为商超经营者又一发展方向。数字化对传统零售业态的影响，不仅仅是建立全渠道销售，更是变革传统经营和管理模式，打造数字化平台和思维，实现运营效率和业绩的双提升。

案例：柏堡龙公司——共享设计平台

作为国内第一家服装设计行业的上市公司，柏堡龙公司发现仅靠自有

设计师的招聘、培养，难以快速、有效地扩大规模并占领市场。2016年，公司投资10亿元，建设“衣全球时尚设计云创平台”生态圈，在服装设计师和服装企业之间创建了云创平台，利用互联网+工具，共享从服装设计到生产销售各环节的收益。为此，该平台打造的是时尚全产业链生态平台模式，平台集结了国内外优秀设计师，为其提供产业链、资金、培训教育等支持，并以设计师为中心，整合买手、面辅料供应商、成衣生产企业、消费者等产业链参与者，形成“自有设计师团队+设计师云创平台+线上线下零售批发渠道+时尚产业供应链管理+明星设计师孵化+设计师学院”的闭环运营模式，有助于加快公司打造全球时尚设计生态圈战略的落地。

柏堡龙公司不仅在核心流程实现数字化，而且构建了完整的数字化供应链和生态系统，并加强了对人员数字化能力的培养，促进了企业的数字化转型。

对零售业开展数字化成熟度评估，当前侧重于其核心流程数字化与全渠道触点的建设程度。而后一阶段，零售行业数字化供应链建设、生态系统的构建将是数字化转型进一步提升的关键。由于零售行业人员构成复杂、流动性较大，现阶段零售业对外部的数字化人才与数字能力服务商的依赖度进一步提升，零售业的数字化人才与组织与其他行业缺口相比其他更为严重。

5.2 企业数字化转型成熟度评估模型

本节将深入研究案例的理论与模型层面，对多维度的影响因素展开体系化梳理。从数字化转型成熟度分析的内涵、目标出发，以国内外数字化企业的成熟度评估理论研究展开分析，研究设计了具有共性的企业数字化转型成熟度评估的基本框架。

5.2.1 企业数字化转型成熟度评估的内涵及目标

数字化成熟度是指企业积极应用数字技术，践行数字化发展理念，开展管理变革和转型升级，从而实现的对数字时代的一种综合适应能力。数字化成熟度体现在企业在数字化甚至是运营管理等各个领域的数字化素养，涉及企业从战略到实践、从技术到文化的方方面面，是衡量企业数字化质量的有效方法。

数字化转型成熟度评估能够帮助企业认识到数字化转型目前的短板，并指导企业的转型实践。不同行业在数字化转型方面的侧重点会有所差异，本节所构建的数字化转型成熟度评估模型是在分析不同行业数字化转型的特征的基础上，提炼和总结核心共性要素，构建为一个能够满足共性需求的通用数字化成熟度评估模型，一方面能够增加企业之间的横向对比性，另一方面可以方便企业按照自己的发展需求，嵌入具有本企业特色的指标。

5.2.2 国内外数字化成熟度评估理论

梳理分析国内外研究机构、咨询公司以及数字化领先企业在数字化成熟度评估方面的模型，不同的机构对数字化转型的理解角度、视野有所差异，因此在评估模型的建立上存在差异，大致可分为以下两类：

（一）两维度数字化转型评估模型

以麻省理工斯隆商学院、哈佛商业评论等机构所设计的数字化评估模型采取了化繁为简的方法，评估模型均将企业的数字化转型拆分为两个维度，一个侧重技术硬实力，另一个侧重企业转型软实力，最终的评估形成呈现在二维象限中。

案例：两维度数字化转型评估模型

麻省理工斯隆商学院在企业数字化成熟度评估中分为数字化技术应用强度和转型管控强度两个维度，由此拆分出了四种数字化成熟度形式，分别是数字化精英（Digirati，技术应用强度高、转型管控强度高）、前卫主义（Fashionista，技术应用强度高、转型管控强度弱）、保守派（Conservative，技术应用强度弱、转型管控强度高）和新手（Beginner，技术应用强度弱、转型管控强度高）。

哈佛商业评论在麻省理工斯隆商学院评估模型的基础上做了微调，将数字化评估拆分为数字化能力和领导力，其中数字化能力又拆分了7个子维度来衡量数字化技术在企业经营管理中的应用情况，通过打分模式加重得到数字化能力综合值。领导力维度也拆分成了7个子维度来衡量数字化转型中所需要的其他非技术因素的情况。

阿里云建立的数字化遵循成熟度模型从数据应用和网络协同两个方面进行评估。数据应用拆分为了6层信息管控、数据在线、数据运营、数据智能、数据自驱，网络协同拆分为了企业内部管理效能、客户协同、平台协同和生态协同。

两维度数字化评估模型的优势是通过简化合并了数字化转型所涉及的领域，降低了对数字化转型理解和评估的门槛。同时两维度评估模型的缺点也很明显，维度合并之后很多重要的维度被整合或者简化，评估模型难以有效指导企业开展数字化转型。

（二）多维度数字化转型评估模型

和两维度评估模型不同，大部分的机构都通过构建多维度数字化评估模型来开展数字化转型评估，维度选择上会有所不同，但是一般都呈现出覆盖面广、软硬结合、虚实兼顾的特点。

案例：多维度数字化转型评估模型

IDC（国际数据公司）在《2018 中国企业数字化发展报告》中对不同行业的数字化情况进行了评估，一共分了 2 个层次 7 个维度 23 个指标评估行业数字化发展现状，7 个维度分别是数字技术应用、决策模式创新、业务流程创新、产品服务创新、用户体验创新、盈利模式创新和工作资源创新。

埃森哲中国企业数字转型指数的指标体系共设四级：一级指标 2 个，二级指标 6 个，三级指标 18 个，四级指标 52 个。第一层是智能化运营和数字化创新，第二层分为数字渠道与营销、智能生产与制造、智能支持与管控、产品与服务创新、数字商业模式、数字创投与孵化。

普华永道从数字化商业模式和客户触达、数字化产品和服务、数字化一体价值链、数据分析核心能力、灵活 IT 架构、合规安全和法律、组织人才及数字化文化 7 个维度建立数字化评估模型。

西门子对企业数字化程度的评估主要拆分到了 6 个方面，分别是战略规划、组织管理、系统基础、生产现场、数据管理和数字化应用。

不同的评估模型所涉及的评估维度有一定的共性，但是同时也具有差异。多维度数字化转型评估模型的优势在于能够详细的拆分企业数字化转型所涉及的领域，能够有效帮助企业定位到自身转型存在的短板。缺点是对于数字化转型中存在的重点凸显不足，开展全面评估的难度较大。

在评估应用的方法方面，由于数字化发展涉及范围广，很多指标都难以通过客观方式进行量化，因此大部分的评估模型都采取专家打分法。为了克服专家打分法主观性的问题，西门子的评估模型采用的是问卷调研的方式，通过线上填写问卷的方式得到不同企业数字化转型情况，并汇总得到行业数字化转型平均水平，通过问卷模式能够有效降低过于主观导致的偏差。

5.2.3 企业数字化成熟度评估框架

为了满足企业开展数字化转型成熟度评估，并支撑其开展数字化转型实践的要求，构建数字化成熟度评估模型满足几个原则：

(1) 通用性原则。构建数字化成熟度评估模型在维度选择上尽可能地选择企业通用性维度，不涉及行业和企业的特殊性，一方面能够保证评估模型对绝大部分的企业都适用，另一方面能够使不同企业在数字化发展方面能够进行对比和对标，形成对自身发展的客观认知。

(2) 重点性原则。由于企业开展数字化发展所涉及的范围很广泛，因此本文在模型评估维度的设置上尽可能地考虑到了企业开展数字化转型的各个方面，并从中选择最核心、最重要的维度纳入指标体系。

(3) 实用性原则。评估指标的选择主要以结果指标为主，能够帮助企业清晰定位到现阶段数字化转型过程中存在的短板，通过数字化成熟度的评估能够直接指导企业开展数字化转型的工作。

(4) 可操作性原则。数字化转型涉及领域广，且很多维度很难直接量化得到，评估过程应充分考虑模型实施可操作性，在此基础上提升评估模型的量化能力。

(5) 结果性指标为主的原则。不同企业适合不同的数字化转型手段，为了不在转型的方法和过程上做价值判断，在指标和维度的选择上主要以结果性指标为主。

如图 5 - 2 所示，对包括埃森哲、德勤、德国工程院、西门子等共计 16 家机构的数字化评估体系进行了系统的分析，发现目前评估主要聚焦在 10 个维度，其中数字技术、支撑管理、战略、支撑业务、商业模式及生态系统等因素被认为更为重要。

未纳入图 5 - 2 中的数字化发展评估维度还有组织结构、工作资源、数字化设计等维度，仅在单一指标体系中出现。

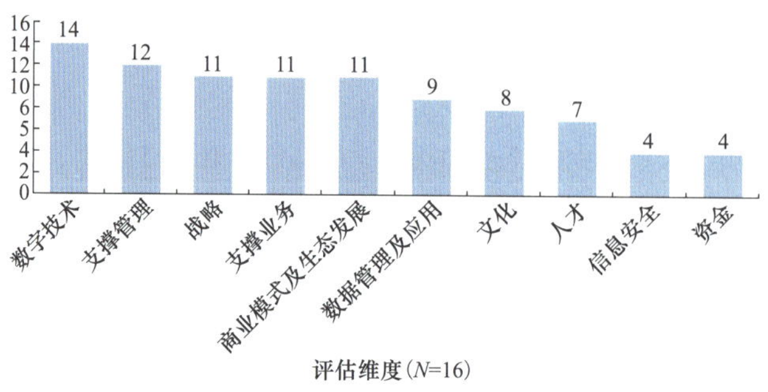

图 5-2　数字化评估特征维度

由此建立 10 维度的数字化转型成熟度评估模型，并依托设立相关的问卷开展评估分析。问卷除基本信息之外，共涉及 19 个问题，包括 16 个评估题和 3 个认知判断题，分别针对数字化转型成熟度的 10 个维度，见表 5-1。

表 5-1　　数字化转型成熟度维度表

第一部分：基　本　信　息		
学历、公司、行业、职务等		
第二部分：评　价　维　度		
序号	**维　　度**	**题　　目**
1	战略	1，2
2	数据管理及应用共享	3，4，5
3	数字技术	6，7
4	支撑管理	8
5	支撑业务	9，10
6	生态发展	11，12
7	人才	13
8	文化	14
9	资金	15
10	信息安全	16

续表

序号	维　　度	题　　目
第三部分：态度认识		
	对数字化的认识和需求	17，18，19

5.3　国有大型企业数字化成熟度分析

对某大型能源行业的数字化转型发展进行评估，结果发现该企业已经开展了一部分的数字化转型工作，但是基于其行业的特殊性，其信息安全方面的表现在所有维度中最突出，短板主要表现在商业模式及生态发展、人才、文化三个领域，详细结果见图 5-3。

由于能源安全涉及国家安全，很多能源企业将信息安全提到很高的位置，图 5-3 中信息安全对应分值较高。能源企业业务相对清晰，一般是以能源生产、消费为主线，业务专业性较强，企业对业务的重视程度相对其他环节也较高。图 5-3 中，数字化支撑业务的分值较高，说明该企业数字化更多是以业务为中心，以数字化为业务服务，提升业务的效率。这也是一些能源企业数字化转型面临的共同问题，更多考虑业务应用，忽略了客户服务环节和商业模式孵化。同时，支撑管理方面业务分数较高，数字化为企业管理注入新的活力，将业务和数据相结合，提升管理水平和管理效率。

也应该看到，在文化、商业模式及生态发展方面，数字化发展存在明显短板，这也是企业数字化发展的薄弱环节。人才分数也偏低，由于能源企业人力资源结构以业务技术人员为主，数字技术人才短缺现象比较明显，影响了数字化顶层设计和建设。数字技术、数据管理及应用、战略、资金等方面虽然达到及格分数，但仍有较大提升空间。总体而言，由图 5-3 可得该企业数字化各环节优劣势明显，存在明显的短板，数字化成熟度仍有待提升。

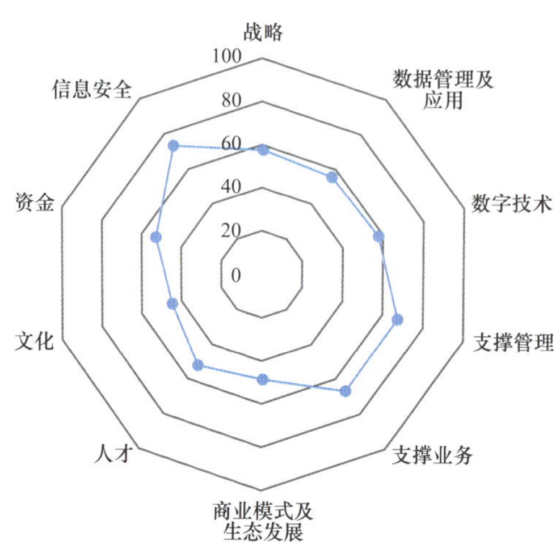

图 5-3 数字化成熟度评价结果

5.4 本章小结

本章考虑企业多种数字化影响因素，评估企业数字化成熟度。从宏观上分析评价了能源行业、制造业、金融业、零售业等行业的数字化特点和发展情况。从多维度影响因素入手，考虑数字技术、支撑管理、战略、支撑业务、商业模式及生态发展、数据管理及应用、文化、人才、信息安全、资金等10个维度综合评价企业数字化成熟度，并以雷达图形式展示结果。通过对不同行业企业和典型能源企业数字化转型分析，得到以下结论：

第一，我国大部分传统企业已认识到数字化重要性，但整体水平不高。从整体上来看，文化、生态体系、人才是传统行业企业转型的难点。四大行业中金融的数字化程度为最高，制造业最低，能源行业的数字化水平处于平均偏上水平，但传统信息化带来的数据管理以及客户服务方面存在的问题凸显。

第二，能源企业更多面向业务数字化，更看重信息安全、支撑业务、支撑管理等方面。与能源企业不同，设备资产的数字化管理以及新能源的发展。制造企业更看重生产流程及工艺的数字化，金融企业看重交易领域的风险控制，零售业看重客户关系以及数字化的供应链。但是从整体上来讲，大型企业的数字化转型覆盖的范围是较为类似的，均聚焦在战略、文化、数字技术、数据管理等几大领域。

第三，数字文化缺失是影响能源电力企业数字化转型发展的最大障碍。对于能源电力企业，数字文化是一种认数据、懂数据、管数据、用数据的能力。能源企业往往关注业务发展和管理提升，存在业务惯性思维，对于数字文化的认知仍处于较低水平，这也是能源电力企业发展数字化的短板，容易导致数字化建设和使用“两张皮”的情况出现。对于数字文化的培养不仅是企业数字化的重要保障，甚至会成为决定能源电力企业数字化转型成功与否的决定性因素。因此，能源电力企业应注重数字文化的培养，真正发挥数字化优势，助力能源企业高质量发展。

参 考 文 献

[1] 杰里米·里夫金．第三次工业革命 [M]. 张体伟，孙豫宁，译．北京：中信出版社，2012.

[2] 史修松．数字经济进入智能化 3.0 时代 [N]. 新华日报．2017－12－20（18）.

[3] 中国信息通信研究院．中国数字经济发展与就业白皮书 [R]. 北京：中国信息通信研究院，2019.

[4] 梅宏．建设数字中国：把握信息化发展新阶段的机遇 [N]. 人民日报，2018－08－27（5）.

[5] 克劳斯·施瓦布．第四次工业革命 [M]. 北京：中信出版社，2016.

[6] 唐玮婕．新产业、新模式、新动能 [N]. 文汇报．2017－04－01（7）.

[7] 朱建明，付永贵．区块链应用研究进展 [J]. 科技导报，2017，35（13）：70－76.

[8] 朱玲．基于大数据应用的企业精准营销现状研究 [J]. 现代营销（经营版），2019（7）：116.

[9] 段鹏飞．大数据时代智库建设的智慧化研究 [J]. 智库时代，2018，155（39）：187－188.

[10] 赵林．新创企业品牌联合伙伴选择机制研究综述 [J]. 中国市场，2016（48）：51－52.

[11] 郑卫华．制造企业数字化转型路径研究——基于 acatech 工业 4.0 成熟度指数 [J]. 科技与经济，2018（4）：51－55.

[12] 德国国家科学和工程研究院．工业 4.0 成熟度指数——管理企业数字化转型 [R]. 德国：国家科学和工程研究院，2017.